ƒ홀의 위로

송정자 수필집

| 책 머리에 |

흐린 시간의 모서리, 채색으로 입혀가야할 때

  한 번 깜박거려 보지 못하고 재 속에 숨어있던 글이다. 겨우 불씨를 걷어냈지만 차가운 한기에 파르르 떨고 있다. 이제라도 한 올 덧버선이나마 떠 신겨 세상 밖으로 조심스레 내보내본다.
  내 몸 하나 휘어잡지 못해 떠도는 바람 앞에서도 늘 위태했다. 누군가가 나를 베어가기를, 그 무엇인가에 나를 가둬주기를, 풀섶에 버려진 아이처럼 외롭고 황망한 내 삶에서 늘 온기가 고팠다. 우리의 삶에도 절취선이 있다면 한 시절을 자국 없이 싹둑 잘라버리고 싶을 때가 있다. 하지만 그 또한 세상과 거래를 트는 일이고, 나름의 보속이었으며, 소통의 창구였으리라.
  글은 풀어헤칠 때마다 다른 길이 나오는 낯선 여행지 같지만 매번 설레임을 안겨준다. 글쓰기는 무딘 일상에 순정한 빛으로 다가와 내가 뜨거워지는 유일한 시간이다. 그 순간만큼은 나를 끌어안는 포옹이지 않겠는가. 불의 열기가 몸 속에 들어오기까지 참 오래 걸렸다. 이제 수필을 곁에 둔 내 삶의 해상도를 높이는 일이 우선이다.

수필의 글밭으로 나비처럼 오라 손짓해주신 고 서정범 교수님, 경희대학 연구실 앞에 화르르 터지던 그 벚꽃 언덕길을 잊지 못합니다.

밀쳐놓았던 수필을 강산이 바뀐 늦은 나이에 바싹 몸 앞으로 당겨주신 수필학자 권대근 교수님 고맙습니다. 본격수필의 이중층론 강의에 매료되어 눈이 번쩍 떠졌지요. 교수님이 쳐놓은 두 시간짜리 그물 안에서 마력같이 춤을 추던 강의에 물고기마냥 파닥거리고픈 욕구에 몸살이 났습니다. 정독의 강의는 날마다 작설차 한줌 다기에 담듯 보자기에 소중히 싸매왔지요. 정중히 펼치어 한 가지 맛이라도 놓치지 않으려 우려내고 있습니다. 들리듯audible, 보이듯visible, 만져지듯tangible을 실천하라는 '수필가가 되기 전에 문장가가 되라'는 말씀, 실종된 시간을 찾고 싶을 때 삶에 대한 주체적인 명제를 주셨습니다.

책 표지 디자인에 애써주신 남해 바람흔적미술관 이승모 관장님, '도서출판 진실한사람들' 김주안 대표께 고마운 마음 전합니다.

아들의 결혼과 손자 뚱이의 탄생에 맞춰 첫 수필집을 출간하게 되었습니다. 할미에게 행복을 준 규호와 채이 사랑해. 식구가 되어 준 지혜, 든든한 사위, 가족 모두 고마워요.

2024년 9월

송 정 자

책 머리에 2

송정자론 | 권대근 215

1부 성북의 청괴들

외씨버선길   11

모감주   15

ƒ홀의 위로   20

제색   25

얼리지   30

등보기 사랑   34

성북의 청괴들   39

달콤한 휴일   44

여름의 끝에서 널 기다려   49

2부 갓 구운 새벽

족두리꽃   57

아버지의 토끼장   62

사과   67

갓 구운 새벽   72

휘묻이   77

내가 유자라면   82

초분   87

땅콩   91

유월의 무대   95

3부 유빙

유빙　103

초록여인　108

그녀의 웃음소리　113

모기론　118

사과나무　123

촛불의 속삭임　127

아름다운 밤　131

사랑을 시작하는 향기　135

4부 리트머스

은밀한 만남　141

리트머스　146

밤 한 톨이 전하는 말　150

불이재　155

그리운 미시령　160

향기로 훔친 가을　164

무섬마을에 놀러 오세요　168

덕혜옹주를 바라보며　173

5부 눈물을 리필해 주세요

눈물을 리필해 주세요   181

낡은 트렌치코트   185

쉬어간들 어떠리   189

비가 오신다   193

옷을 벗는 다리   197

노인의 선물   201

수확의 의미   206

꽉 찬 포도알처럼   208

1부

성북의 청괴들

외씨버선길

　머리에 하얀 고깔을 눌러 쓰고 있다. 춤꾼의 얼굴을 확연히 볼 수가 없다. 정면을 등지고 양팔을 서서히 들어 올려 능선을 그리듯 적요한 움직임이다.

　남색 치마에 흰 저고리, 어깨에는 붉은 가사를 걸치고 북채를 휘갈기며 장삼을 뿌리고 앉는 춤사위가 처연하다. 매우 엄혹한 고행에서만이 표현될 수 있는 몸짓임을 짐작하게 한다. 그 자태가 곧아서 맑은 물가에 긴 다리를 드리운 한 마리의 학이 서 있는 듯하다.

　처음 발을 내디뎠을 때는 폭신한 땅의 감촉이 전쟁의 서막인 줄 몰랐다. 사뿐사뿐 속곳 치마 들어 올리듯 내딛는 걸음이었다. 영월의 운탄고도 시작점에서 팔괴교를 지나 태화산자락으로 접어들 때 '외씨버선길'이 구간에 나타났다. 길을 에우고 있는 풍경이 이름처럼 곱다. 사람들이 걷고 싶어 하는 수많은 길 중에 이름이 가장 예쁜 길을 꼽는다면 경상북도와 강원도를 잇는 외씨버선길이 아닐까. 오이씨처럼 볼이 조붓하고 갸름한 맵시를 지닌 버선, 길이 얼마나 단아하기에 그토록 고운 이름을 가졌을까.

청정지역인 청송, 영양, 봉화, 영월군이 함께 만든 길이다. 길 전체의 모양새를 보았을 때 조지훈의 시 '승무'에 나오는 외씨버선의 윤곽을 닮아있다. 지도를 펼쳐보고 시 속의 버선을 연상한 감성마저 놀랍다. 실제로 걸어보면 외씨버선 볼의 동탁한 매무새처럼 유려하고 고운 매력의 곡선, 그 이상이다. 옛 보부상들이 짐을 머리에 이고 등에 지며 걸었던 삶의 고단함이 묻어있는 길이지만 푸른 산속의 버선 품이 넉넉하기만 하다. 일렁거리는 상념을 사뿐히 접어 올리는 쾌감까지 전달해준다. 굽이굽이 치맛자락 따라 영혼마저 고와지는 버선길이 이어지고 있다.

길이 나누어지고 오르막길에 접어들 때였다. '외씨버선길'이라 새겨진 보랏빛 리본이 나뭇가지에 드리워져 하늘하늘 나붓거리고 있다. 마치 그 나부낌이 승무의 북채장단에 맞춰 높이 치켜 올리는 긴 소맷자락을 보는 듯하다. 바람결에 팔랑거리는 리본의 손짓에 따라 산속에 녹아들면 어깨를 짓누르는 세루의 파편들이 길 위에 펼쳐진다. 이 길을 걷는 동안 나는 없다. 백옥 같은 고깔을 쓰고 고개를 숙인 무원의 길손만이 서 있을 뿐이다. 좁아진 길에 개다래의 잎이 눈부시다. 찔레꽃을 닮은 고광나무 꽃송이가 오솔길에서 하얀 가르마를 타고 짙은 향기를 뿜어내고 있다. 차르륵 부채의 주름살 마냥 겹겹이 접혀있던 온갖 시름이 어느새 버선 길 위에 살포시 몸을 맡긴다.

승무는 장삼과 고깔을 걸치고 북채를 쥔 채, 끝내 수행을 이루지 못한 파계승이 법고를 두들겨서 고뇌를 잊으려 하는 몸짓인가. 승무의 정수는 얼굴을 돌린 채 하이얀 고깔을 쓰고, 긴 장삼을 얼기설기하여 공간으로 뿌리치는 춤사위에 있다. 얼굴을 드러내지 않고 북을 향해 등을 돌린 점은 관객을 의식하지 않는, 오직 춤의 내면만을 보여주기 위함이 아니던가. 살짝 들어 올린 치맛자락 밑에서 보일 듯 말 듯 내딛는 외씨버선의 절제미는 숨이 멎을 만큼 압도적이다. 승무는 정중동의 으뜸이리라.

이제 외씨버선길은 더 이상 폭신하지도 유연하지도 않은 고행길로 치닫는다. 남한강을 첩첩이 휘감고 있는 산길은, 오르락 내리락을 반복하다 쉼 없이 휘어진 구간에 들 때면 숨이 턱 끝까지 차오른다. 조망도 없는 급경사 길을 따라 각동리 돌널무덤을 올라갈 때쯤, 여기저기서 사람들의 헉헉거리는 소리가 숲속을 뒤흔들고 있다. 마치 자진모리와 당악장단에 맞추어 관객을 몰아지경으로 이끌어가는 북의 연타처럼, 거칠고 빠른 숨소리가 박자를 맞춘다. 외씨버선이 법고 앞에서 버선코를 뾰족이 치켜 올린 채, 북채를 쉼 없이 두들기며 마지막 고지임을 알려주는 신호일 게다. 장삼을 뿌리고 제치며 뒤엎는 사위는 인간이 갈구하는 끝없는 욕망을 나타내는 몸짓이 아니던가. 하얀 버선코 끝으로 표출되는 가냘픈 본능, 치마 끝에 가려진 나비모양의 합장은 숨길 수 없는 인간의 고뇌를 품고 있음일 터.

이 북소리가 멎게 되면 바람을 맞고 꽃잎이 우수수 허공에 흩날리듯 모든 것을 비우게 된다. 치켜 올린 버선코를 살며시 뒤틀 때에 마지막 굿거리장단은 승무의 춤판이 무의 상태로 되돌아감을 알려준다. 외씨버선은 제비가 바람을 일으켜 날아돌듯이 연풍대 춤사위로 원을 그리며 숨을 고르고 있다. 한판 춤을 갈무리하고 버선코가 제자리로 회귀한 고즈넉한 품새다. 그 품에서 넘어지지 않으려 비스듬히 내딛다가 미끄러지려 할 때는 골격을 바로 세워 발끝을 곧추세우기도 했다. 거추장스러운 내 어깨의 긴 장삼은 까치발 디딤새로 하늘을 향해 훨훨 날려 보냈다.

세찬 장삼놀음에 열매가 후두둑 떨어진다. 그것이 무심의 세계로 돌아가는 것이라면 외씨버선은 산길에서 한판의 춤 장단에 가락을 더하지 않았던가. 구겨진 일상의 편린까지도 고스란히 품어주었지. 치맛자락 끝에 숨어있던 외씨버선은 이제 고단한 추임새를 내뱉으며 버선코를 살며시 내려놓는다. 곡진한 절드림을 올리고 시름을 잊은 춤판에서 내려왔다. 걷기를 멈추고 비로소 땅 기운과 소통하는 나를 배웅이라도 해주려는 것일까.

모감주

 많은 가자지구 주민은 하마스 민병대원들이 지배하는 것을 원하지 않는다. 하지만 목숨을 걸고 저항할 기력도 없고, 그날그날 먹고 살기가 힘들다고 말한다. 이스라엘의 철천지원수가 된 하마스는 자살폭탄을 만들어 유대인 대중 틈에서 터뜨리는 순교형 테러를 자행할 정도로 이스라엘을 경멸한다.
 사십여 년 전 그들을 이 땅에 허용한 이는 바로 이스라엘인이라는 것이 아이러니하다. 코란경전 연구에만 몰두하는 듯한 자선단체 쯤으로 여긴 것이 단초가 되어, 가자지구를 하늘만 뚫려 있는 지구상 최대의 창살 없는 감옥으로 만들고 말았다. 미약한 태동으로 시작해 실로 엄청난 재앙을 몰고 오지 않았는가.
 아버지도 처음에는 선한 사람이었다. 눈이 크고 인정이 넘쳐 동네에서 법 없이도 살 청년이라며 친척이 중매를 나서서 건넛마을에 사는 엄마와 맺어졌다. 자식 여섯을 낳고 정신없이 산 이십여 년의 세월만큼은 가난에 찌들고 힘든 삶이었으나 평화의 시절이었다고 볼 수 있다. 국가와 나라 간의 분쟁만이 전쟁이라 할 수 있던가. 내가 어렸을 때 우리 집은 해만 지면 전운의 기류에 늘 조마조마했다. 술에 잔뜩 취한 아버지의 귀가가 늦을수록 잠식하고 있던 불안은 더 고개를 디밀었다. 술의 양만큼 가중되는 폭군이 되어 나타날 때 그 긴장감은 일촉즉발의 상황으로 이어졌다. 우리 가족은 던져서 무기가 될 만한 것은 모두 치우고 최소한의 희생을 줄이는 대피에 늘 단련을 해야 했다.

올여름에 코카서스 3개국을 이십여 일 넘게 여행했을 때, 아르메니아는 특히 인상에 남았다. 세계 최초로 기독교를 받아들였다는 나라다. 성서에 나오는 노아의 방주가 떠내려가다가 멈췄다는 아라라트 설산을, 끝없이 펼쳐진 포도밭 평원에 서서 바라볼 때는 가슴이 뛰었다. 긴 역사를 거치면서 수많은 외세의 침입과 학살로 이어져 온 아르메니아는 소국이다. 지금까지도 국가의 상징이며 성스러운 어머니의 존재로 여기는 아라라트산을 튀르키예와 국경을 사이에 둔 영토분쟁으로 그 산에 접근조차 못한다고 한다. 심지어 옆 나라 아제르바이잔과도 역사성 계승과 영토의 귀속문제로 그 갈등이 끊이지 않으니, 현재까지도 줄타기 곡예를 하듯 전쟁의 위험 속에 늘 노출되어 있다.

아르메니아와 비슷한 '아르미나'라는 이름을 가진 가이드 아가씨는 우리나라 한국외국어대 한국어과를 전공했다고 했다. 똑 부러지는 한국어 발음에 모두가 놀랐다. 우리 팀은 투어가 끝날 때까지 한국 이름으로 '아름이네'라 지어 불러주었다. 발목까지 내려오는 하얀 원피스에 아침마다 엄마가 땋아준다는 새까만 긴 머리는 허리까지 내려와, 마치 재림한 여신을 보는 듯했다. 그 청초한 모습과는 달리 수심이 가득한 얼굴로 자국의 아픔과 전쟁으로 가족을 잃은 비극을 말할 때는 가슴이 저려왔다. 조지아로 넘어가는 국경까지 배웅하는 버스 안에서 잔잔한 선율의 국가를 들려주며, 미나는 젖은 눈으로 한국에 가서도 아르메니아를 잊지 말아달라고 당부했다. 내가 귀국한 후 2개월 정도 지났을 뿐인데 아제르바이잔이 접경지인 민가에 직접적인 포격을 가했다는 뉴스를 접했다. 여성과 아이를 비롯해 수십 명이 희생되었다는 소식에 미나의 슬픈 눈이 떠올랐다.

  그 즈음에 숲길을 걷는데 마치 황금비가 내리는 것 같은 노란꽃나무 네댓 그루가 눈에 띄었다. 봄날에 꽃나무들이 한창 맵시 자랑을 할 때 모감주나무는 꽃 피우는 일을 서두르지 않는다. 햇빛이 이글거리는 여름 한낮에 꽃대를 터뜨려 순식간에 그 큰 나무를 노란 물감으로 덮어씌운다. 꽃이 사방으로 피다보니 나무 아래는 바람에 흩날리는 황금빛 꽃길이다. 고깔 모양의 꽃이 떨어지고 열매는 꽈리 모양으로 익으면서 세 쪽으로 갈라진다. 그 속에 둥글고 딱딱한 흑색의 종자가 들어 있는데 반들거리는 흑요석 마냥 윤기가 자르르하다. 모감주다. 만질수록 반질거려 염주의 재료로 다듬어져서, 큰 스님의 손

안에서나 다시 태어난다는 귀한 열매다. 불교에서는 도를 깨우치고 지덕이 굳고 단단하여 모든 번뇌를 깨트릴 수 있는 열매라 한다.

 엄마는 늘 염주를 몸에 지녔다. 밤새 추위에 떨다가 발이 곱은 길고양이처럼 아침마다 혁명을 꿈꾸다가도, 날이 밝으면 혼자서 난장판을 만드느라 지친 아버지를 누이고 콩나물국을 준비하셨다. 108개 번뇌의 염주 알이 엄마의 손가락에서 수백 바퀴 돌아간 덕분일까. 우리 집에 휴전일이 더러 생기기도 했다. 몇 날 며칠을 과음에 시달리다 아버지가 자리보전할 때 잠시 해방을 맞는 날이었다. 또 흰머리 염색을 하다가 옻이 올라 두드러기로 고생할 때면 정전상태가 길어지기도 했다. 그럴 때 아버지는 말 한마디 없는 순한 양 같은 침묵의 수장이었다.

 우크라이나와 러시아 사태에 이어서 팔레스타인 무장정파 하마스와 이스라엘 간의 대치상태로 양측 죄 없는 민간인들의 희생이 수만을 넘었다. 아제르바이잔의 분리주의 지역에서 언제 당할지 모르는 인종청소 우려의 공포에 싸여 죽음이나 망명을 기다릴 뿐이라는 아르메니아 사람들, 지옥에서 헤어 나오지 못하는 가자지구와 우크라이나 국민들, 두 극단 세력이 빚어내는 비극은 오래 된 역사로부터 시작되었을 것이다. 정치, 종교적 갈등, 보복을 떠나 지옥에서 살아보지 않은 사람은 그 고통을 결코 모를 일이다. 이유와 정당성을 따지기 전에 살얼음 같은 전쟁의 평행전선에서 누군가가 베푸는 자비

만이 죄 없는 사람들을 구할 것이 아니던가.

　엄마의 염주기도 때문이었을까. 우리 집의 휴전 상태는 길어지는가 싶었다. 가족에게 크나큰 상처만을 남긴 채 아버지가 세상을 떠나면서 전쟁은 종식되었다. 누군가의 희생으로 멈추어질 전쟁이라면 수없이 스러져간 가여운 생명들이 숲을 이루고도 남지 않는가.

　모감주의 귀한 열매가 염주가 된다면 한 알마다 간절한 기도를 담아야 한다. 먼 나라의 전쟁이 긴 휴전으로 가 닿기를 두 손 모아 합장할 일이다. 모감주의 꽃말 또한 자유의 마음 기다림이 아니던가.

ƒ홀의 위로

　영전으로 올라가는 계단에는 설익은 봄날이 잠시 주저앉아 볕을 더듬고 있다. 세상이 마치 누군가를 떠나보내기 위해 존재하는 것처럼 냉혹한 삶의 편린이 내 오장육부를 훑어댄다. 계단에 발을 얹자 덮쳐오는 한기가 섬뜩하다.
　그 아이가 13층에서 몸을 날리는 순간 나비가 사뿐히 받아주었을까. 하얀 날개를 입은 천사가 두 팔이라도 벌여 품을 내어주었을까. 수만 가지 꽃이 만발한 정원에서 오색 창연한 융단이라도 깔아 두었을까. 손에 잡히지 않는 깃털이 되어 세상에 티끌 한 올 남기지 않고 사라졌다. 파르르 저 너머의 세상으로 날아 갈 때 이미 천상과의 약속이라도 있었을까. 오직 저 하나 앞에서만 웃고 울던 어미가 아니던가. 떠난다는 글자 한 톨 없이 어미를 망망대해 끝에다 오롯이 가둬 놓고 발걸음이 떨어졌을까.
　오랜 세월 아끼던 동생이 불현듯 꿈에 나타났다. 지난날 한창 아름다웠던 젊은 시절의 얼굴로 미친 듯이 웃어대는 모습이었다. 십수 년이 넘도록 다 큰딸 수발에 엄마 노릇 하느라 자신조차 돌보지 않은 동생이었다. 소식이 뜸하던 차에 꿈 이야기도 전할 겸 통화를 눌렀다. 첫 안부는 당연히 "아이는 요즘 약 잘 먹니?"였다. 숨이 멎은 듯 뚝 끊어진 차가운 공기 속으로 오열과 함께 터져 나온 말은 "언니, 애가 가 버렸어."

봉선사 관음전에서 49재가 열리고 있었다. 늦게 소식을 접하는 바람에 셋째 재부터 참석했다. 사각모를 쓴 긴 머리에 학사복 속의 살빛 블라우스가 목 끝까지 살랑거린다. 해사한 웃음을 피운 눈이 부신 아가씨가 죽음을 인정할 수 없는 뫼비우스의 띠를 두르고 사각 틀 안에 갇혀 있다. 기가 막혔다. 몇 년 전 피자집에서 이모라 부르며 깔깔대던 아이였다. 나는 소녀가 그려진 르누아르의 그림엽서에다 이제는 아프지 않는 곳으로 잘 가라는 글을 써서 그 아이 사진틀에 꼭 끼워 주었다. 하늘에서 너의 엄마를 잘 지켜달라는 말이 목 끝에 남았다. '태어남도 인연이요 돌아감도 인연인 걸 그 무엇을 애착하고 그 무엇을 슬퍼하랴' 연륜이 깊은 스님이 법요집 영가전의 인생길이라는 법문 송독을 하신다. 눈물이 턱 밑을 타고 단방석으로 뚝뚝 젖어 들었다.

오랫동안 울먹이는 동생의 잿빛 등골에서 시커멓게 지져놓은 알파벳 f 글자 두 개가 대칭으로 서 있다. 깜깜하다. 내뱉은 숨결은 유령처럼 떠돌다가 목에 걸렸다. 가시처럼 꺽꺽 쉰 소리만 날 뿐이다. 모녀의 영원한 이별 앞에 마주 보고 서 있는 f홀은 음을 감춘 채 제 기능을 잃었다. 악기가 곡기를 끊었다. 그 아이가 새소리를 연주하면 그녀의 f홀은 온유한 어미의 음성으로 화답하곤 했다. 이제는 울림통 안에서 길을 잃고 소리조차 돌려주지 않는다.

첼로와 바이올린의 두 몸통에서 화인처럼 찍혀있는 f홀이 눈동자처럼 나를 올려다본다. 줄감개를 조절하면 현의 섬세하고도 갸느린 그 떨림조차도 고스란히 실어 나르는 f홀, 악기의 f홀은 안과 밖의 공기를 이어주는 통로다. 바이올린이 내는 이름다운 선율의 흐름을 모두 이곳에서 조율한다. 모녀가 나란히 두 개의 f홀에 마음을 헹구며, 주고받던 사랑의 하모니는 이제 공명을 잃었다. 미세한 변화만으로도 음색의 밝기와 어둠, 부드러운 것까지 모두 뱉어내는 f홀이다. 단순히 알파벳과 유사한 미학적 상징인 줄만 알았던 f홀은 수세기에 걸쳐 장인들이 피를 갈아 혼을 불어넣은 악기의 심장이다. 그 f홀 구멍이 연주자를 잃고 끝없는 블랙홀로 빠져들고 있다.

허난설헌은 어린 딸을 잃고 연이어 아들마저 세상을 떠났다. 아이들 무덤 앞에 서서 지전을 사르며 자식의 혼을 부르고 한 잔 술을 뿌리며 넋을 위로하는 '곡자'라는 시를 바쳤다. '아이들의 무덤가에 백양나무, 소슬바람, 도깨비불이 소나무와 가래나무들 사이에 밝았구나' 쓸쓸하고 비감한 분위기를 나타내는 대상물이 자식에게 제사를 지내는 어머니의 비극적인 모습을 그대로 전해주고 있다. 젊은 여인은 통한의 세월을 보내다 서른 살도 되기 전에 세상을 떠났다. '한 말씀만 하소서' 작품집은 박완서 작가가 스물여섯 살 의대생 막내 외아들을 잃는 참척을 당하고 피를 토하며 신에게 퍼붓는 극한의 절규를 엮은 책이다. 아들을 뺏어간 신에게 침묵만 하지 말고 어떤 말이든 해보라고 소리친다. 신이 있다면 살의를 느낀다고까지 고백하며 정신을 놓고 세상을 떠날 때까지 몸부림쳤던 글이다.

내가 어릴 때 스물네 살 큰아들을 먼저 보내고 엄마는 평생을 숨죽여 살았다. 눈을 감기 전 섬망 상태에서도 혼신의 기력으로 뱉어낸 마지막 말은 곁을 지키는 자식이 아니라 새파란 나이에 떠난 큰오빠의 이름 끝 자였다. 소름끼치도록 선명했던 그 외마디에 나는 엄마의 얼굴을 어루만지며 울음을 쏟았다. 엄마의 마른 붓질 같은 평생의 어혈을 보았기에 '동생아 이제 너는 어찌 살래' 그 소리가 목구멍을 타고 뱅뱅 돌았다.

동생은 딸을 우울증 치료를 받게 하고 약을 거부할 때는 삼키는 것까지 지켜봐야 했다. 마음이 아픈 아이였으니 대학을 진학했지만 심리 상태에 따라 휴학했다 복학하기를 거듭했다. 어렵사리 대학을 졸업하고 취업까지 하게 된 가슴 벅찬 일이 찾아왔다. 이제 고지를 넘긴 안도감에 뭉클했을 테지. 얼마나 기특하고 가슴이 뜨거웠을까. 한시름 놓고 숨 고르기를 하며 파근파근 익어 갈 딸의 청사진에 가슴 설레기도 했으리라.

몸속을 거꾸로 빠져나간 피가 다시 수혈이 될 수 있을까. 그래서 누덕누덕한 그 속을 마름질이라도 하면 곱게 펴질 수 있을까. 구석구석 깨어져버린 파열음이 여기저기 한가득이다. 자식을 앞세운 모성은 직소 퍼즐처럼 끼워 맞출 수도 없다. 수만 가닥으로 너덜너덜해진 저 정신 줄이 돌아오려면 생이 끝날 무렵이 되려나. 끊임없이 자신을 무두질해야 하는 유형(流形)의 땅에서 그 기나긴 형벌의 나날을 어찌할 것인가. 뭉치고 맺힌 응집이 올 풀리듯 빠져나올 수나 있을까. 골수가 뒤틀리고 창자가 끊어져 나가고 눈앞의 곡기가 쓴 소태가 되어 입안을 되 물릴 것을. 어긋난 뼈마디가 아우성치는 그 줄타기의 순간은 숨통을 막으며 제자리에서 맴돌 테지.

어느 날 퍼렇게 그을린 그리움이 부싯돌처럼 삶을 피워보려 할 때, 부딪히다가 무던히도 무뎌져갈 때, 텅 빈 f홀은 이별을 위무하는 음률을 잔잔히 차올릴까.

제 색

    찰나에 빠지는 사랑은 있어도 성급한 우정은 드물다. 그래서 사랑은 가끔 체하기도 한다. 세월을 묵혀가며 오랫동안 지켜보면서 공고하게 다져가는 우정은 해를 거듭할수록 실해져가기 마련이다.

    북촌 정독도서관 등나무길 옆에는 전 문화부에서 세운 겸재 정선의 '인왕제색도'비가 있다. 강의실에 올라갈 때 단 석 점만 현존하는 조선시대의 횡피 그림을 아무런 절차도 없이 감상을 하며 지나간다. 정선이 평생 수련한 필묵법의 정수가 유감없이 드러난 명작이다. 진하고 연한 묵법의 농담이 혼연일체로 어우러진 경지를 보여준다. 인왕제색도 작품 이후 정선의 그림이 번잡함은 사라지고 담묵의 구사가 맑고 부드러워졌다는 평가를 받고 있다. 그가 얼마나 이 작품에 혼을 불어넣었는지 짐작이 간다. 삼성그룹에서 국립박물관으로 옮겨져 '어느 수집가의 초대전'에서 선보인 이 그림에 구름처럼 관중이 밀려든 것을 보면 사람들이 그림 너머의 어떤 풍경에 매료되었다는 것을 알 수 있지 않을까.

백악산 기슭에 거주하던 겸재 정선은 한 마을에서 동문수학하며 조선 최고의 시화를 남긴 사천 이병연과는 둘도 없는 죽마고우다. 둘은 서촌에서 나고 자란 경화세족으로 사천은 조선 진경시의 거장이며 겸재는 진경산수의 화성으로 쌍벽을 이루었다. 그림을 그리면 시를 짓고 서로의 작품을 비평하며 둘은 노년까지 일생을 함께 지냈다. '자네와 나는 합쳐야 왕망천이 될 텐데 그림 날고 시 떨어지고 양편이 다 허둥대네. 돌아가는 나귀 벌써 멀어졌지만 아직까지 보이네. 강서에 지는 저 노을 원망스레 바라보네.'

연인이 주고받는 애틋한 이별시가 이러할까. 이 전별시는 겸재가 양천현감으로 떠날 적에 사천이 지어 주었다. 지금의 양천구인데 조선시대의 상황으로 보아 다소 먼 거리라 하더라도 대단한 브로맨스가 아닐 수 없다. 둘은 떨어져 지내면서 서로의 시와 그림을 바꿔보는 '시화환상간'을 엮어 두 사람의 콜라보 중에도 백미인 한강변의 서정적인 아름다움을 담은 '경교명승첩'을 탄생시켰다.

내게도 삼십 년 지기 친구가 있다. 나는 부산에서 살다가 삼십 대 초반에 서울로 이사를 왔다. 낯설기만 한 곳에 적응이 될 무렵부터 지금까지 절친한 정을 이어가고 있다. 친구와 나는 딸아이들이 여섯 살 때 같은 글짓기교실에 등록을 하면서 만났다. 수업이 끝날 때까지 학부모들은 복도 의자에 앉아 기다렸다. 나는 같은 아파트단지가 아니라서 다른 학부모와 안면도 없었고 그때는 휴대폰도 없던 시절이라 아마 책을 읽고 있었던 듯하다. 친구는 방대한 책을 읽어서인지 철학적인 면이나 시사, 정치, 경제면에서도 나보다 지성이 훨씬 앞서 있었다. 학벌도 높았고 가정의 경제수준이나 삶의 질이 우아한 사모님이었다. 교양 있고 품위 있는 그녀가 내게 먼저 말을 걸었다. 우리 친구 할까요.

삼십 년을 열무단처럼 빼곡하게 채워가던 우정이었다. 지리산 둘레길을 발뒤꿈치에 밴드를 붙여가며 종일 걷기도 했다. 섬진강에서는 남편 성토대회를 열어 서로의 편을 들어주며 그 추임새로 속이 후련해지는 강 길을 따라 한나절을 걸었다. 만 하루도 더 걸려 날아간 카리브해 쿠바, 하바나에서는 플로리다주를 강타한 카테고리 5등급인 허리캐인 '어마'가 덮쳤다. 전기가 끊기고 통신마저 두절 되었다. 정전된 까사에서 열악한 촛불 하나에 의지해 불안한 밤을 몇 날 며칠 함께 버티기도 한 사이다.

글을 쓰면 제일 먼저 읽어주는 독자가 되어 비평과 조언을 아끼지 않는 유일한 친구다. 그런 우리에게 일 년간의 공백기가 비집고 들어왔다. 내게 힘든 시기가 찾아왔을 때 서로 소식을 미루다가 서운한 일이 생기고 말았다. 나는 갑작스레 소외됨을 느꼈고 괴리감까지 보태져 이중의 고통이 찾아왔다. 내가 평소와 같은 편안한 심리가 아닌, 잠을 못 잘 만큼 정신적으로 시달릴 때라 친구를 공감하지 못했다.

조선시대 승정원일기에 영조 27년 윤오월 하순, 장맛비가 이레째

퍼부었다는 기록이 있다. 비가 그친 날 노년에 이른 정선이 뚝뚝 물기가 흐르는 큰 붓을 대담하게 휘둘러 완숙된 필치를 삽시간에 아래로 내리그었다. 가늠 수 없는 비통함을 붓으로 꾹꾹 눌렀다. 먹물이 채 마르기도 전에 바위를 진한 먹으로 찍어내어 뭉개진 흔적이 습윤한 분위기를 더 자아낸다. 임종을 앞둔 육십 년 지기를 위해 정선은 붓으로 울며 화선 같은 벗을 부연함이 사라진 경치 속으로 불러들였다.

벗의 단정하고 고결했던 인품은 그의 집 취록헌을 연한 농도로 담백하게 표현했다. 오랜 장마가 만들어 낸 폭포에서 서서히 물안개가 걷혀가는 인왕산처럼 사천이 하루 속히 병석을 털고 일어나기를 간절하게 담아냈다. 화폭에 풀어놓은 절절한 우정을 인왕제색도에 안치했다. 늙고 병들어 운신을 못 하는 친구를 비가 그친 인왕산 풍경 속으로 초대하고 싶었을까.

인왕제색도가 완성된 나흘 뒤에 오랜 벗은 세상을 떠났다. 그림 우측 상단 여백에는 '인왕제색 겸재 신미윤월하완'이라는 묵서를 새겼다. 평생 수응화만을 그려내기에 바빴던 정선은 일흔여섯에 이 그림을 스스로 그렸다. 비 온 뒤의 인왕산 경치를 지금의 효자동 방면에서 바라보며 친구를 향한 연민에 순간적으로 붓을 든 것이 아니었던가. 노인이지만 아방가르드였던 자신의 예술을 집대성한 결과로 깊은 우정이 길이 남게 될 명작을 남겼다.

우정은 하나의 영혼이 두 개의 몸에 살고 있는 것과 같다고 아리스토텔레스가 말했던가. 친구는 나의 속 좁은 외면에도 불구하고 여러 차례 손을 내밀었다. 나보다 한층 더 성숙된 정신세계를 가졌다. 지금은 나와 같이 정독도서관에서 수필명인 권대근 교수의 불꽃같은 강의를 듣고 있는 중이다. 삶의 엔딩노트를 작성할 때 품위 있는 글을 남겨볼까 하는 바람이라 하니 얼마나 멋진가.

나란히 강의실에 앉아있는 친구와 나의 어깨 너머로 큰 비가 내렸다. 안개가 걷히면서 맑게 갠 제색(霽色)의 인왕산이 섬처럼 말갛게 떠 있다.

얼리지

 와인 캡슐의 까칠한 부분을 더듬어 손가락으로 벗겨낸다. 붉은 바탕에 금색 왕관 로고를 입힌 호일커버 껍데기가 스륵스륵 떨어져 나간다. 비로소 검은 병 입구를 틀어막고 있던 단단한 코르크 마개가 맨살을 드러내었다. 오프너의 스크루가 사정없이 몸을 뚫고 침투하자 코르크의 살점이 두어 쪽, 툭툭 흩날리다 바닥으로 투신하고 있다.

 뽕, 경쾌한 마찰음과 동시에 갇혀있던 포도향이 코끝을 자극한다. 딸딸딸, 투명한 유리잔에 폭포와 같은 붉은 포말을 일으키며 진한 루비 컬러의 꽃 한 송이가 피어났다. 서서히 자신만의 향기를 내어주려, 꽃은 자태를 출렁거리며 몸을 뒤틀어 보인다. 바닥에 닿은 와인잔 풋에 손가락을 얹고 빙글빙글 원을 그려보니 포도 향을 내뿜으며 붉은 물결은 거침없이 춤을 춘다. 마치 '여인의 향기' 영화에서 시각장애인 프랭크와 함께 리베르탱고를 추던 아름다운 여인 도나를 닮았다. 한 모금 머금었을 때 묵직한 바디감이 입안에 전해온다. 떫은

맛이 강하지 않아 목 넘김이 부드럽고 단맛이 거의 없어 깔끔하다. 에스쿠도 로호, 붉은 방패라는 뜻의 칠레산 와인이다.

　아들의 여자 친구에게 메시지를 보냈다. 맛난 와인을 선물해주어 하루의 피로가 스르르 풀려 고맙다는 내용이었다. 이 주일 전쯤 아들에게 소개를 받았다. 함께 저녁을 먹었는데 키가 크고 시원한 스타일에 성격까지 싹싹해서 첫인상이 오래 남는 아가씨였다. 곧 출발할 조지아 여행을 앞두고 있던 차였는데 케이스가 핸드백처럼 생긴 하얀 폴라로이드를 내게 선물했다. 오래 간직할 멋있는 풍경 사진을 많이 찍어오라는 말도 덧붙였다. 아들의 성격은 추진력이 부족한데다 귀차니즘 성향이 짙은 편이다. 활달한 성격의 아가씨와 잘 어울리지 않을까 은근히 기대가 되었다.

　유리잔의 절반 쯤 와인을 따라 낸 후 와인병은 말없이 침묵하고 있다. 조금 전 코르크가 꽂혀 있었을 때 적당했던 얼리지를 보면 신선한 와인을 잘 보관했다는 의연함마저 느끼게 한다. 와인병을 세워두고 목 부분을 보았을 때 코르크의 끝에서부터 와인 사이에 빈 공간이 나타나는데 그것을 얼리지(ullage)라 한다. 병 속의 액체가 증발이나 또는 누출되어 생기는 누손량이다. 이 공간의 크기에 따라 와인을 선택하는 기준이 되기도 하는데 나 또한 와인을 구입할 때 잊지 않고 확인하는 부분이다.

　특히 얼리지는 와인이 상했는지의 여부와도 상관이 있다. 와인이

상하는 요인은 주변 온도가 높아 열화한 경우가 흔하다. 코르크의 불량 등 보관 상태가 나쁠 때 와인이 증발하면서 얼리지의 발생이 높을 때 나타난다. 코르크로 막은 와인은 대개 오랜 기간 숙성을 거치면서 약간의 증발이 발생하기도 한다. 어른 손가락 한 마디까지는 양호하다고 와인 전문가들은 말하고 있다. 다만 빈티지가 오래된 와인이나 유명산지의 품질 좋은 와인은 2센티가 넘어도 무난하다고 하는 것은, 자연스러운 증발 현상으로 보기 때문이다. 단 병마개를 감싸고 있는 캡슐을 손으로 비틀었을 때 잘 돌아가야 한다는 전제가 깔려있다. 명품 와인이 아닌 한 얼리지가 커지면 불량이거나 상했을 확률이 그만큼 높다는 뜻일 게다.

  아들이 유치원 다니던 시절이 생각난다. 재롱잔치를 할 때였다. 한 명씩 무대에 올라가 자기소개와 간단한 무용동작을 하는 것이었는데 아들은 두 손을 배배 꼬며 쭈빗거리기만 할 뿐 입도 떼지 못하고 내려왔다. 바닥에 앉아 어린 아들의 입 모양만 애타게 바라보다가 속이 다 타들어 갈 때 울음을 터뜨리기 직전의 아이보다 내가 먼저 눈물을 쏟고 말았다. 그 이후로 여기저기 어린이단체가 있는 곳에 등록을 했다. 몸을 움직이는 계절 운동과 별보기 캠프 등 두루두루 데리고 다녔다. 그 중 한 가지라도 보탬이 되었을까. 우는 데도 용기가 필요했던 내성적인 성격이 아니었던가. 아들이 중학교 다닐 쯤에는 대학생 형들과 일반인이 섞여 있는 산악자전거 동호회도 참여할 만큼 적극성을 보여주었다.

  와인 병에서 마개와 와인 사이의 빈 공간은 결국 와인의 부족량이다. 그 부재의 공간으로 와인의 품질을 평가한다. 아들의 소극적인 성격 역시 한 인간의 사람 됨됨이를 말하는 잣대가 되지 않을까. 세월이 지나 오랜 숙성의 과정에서 매우 느리고 미세하게 기화하는 얼리지는 엔젤스쉐어(Angel's share)라고 한다. 하늘에 있는 천사가 와서 자신의 몫을 가져갔다는 예쁜 의미의 해석이다. 사람마다 자신의 얼리지가 왜 없겠는가. 이제 배우자를 만나게 된 아들의 얼리지는 초과량을 넘지 않았으면 싶다. 설령 이슬방울만큼의 산화가 찾아온다 해도 그것은 천사의 몫이라고 코르크가 사랑으로 채워준다면 품질 좋은 와인을 유지하지 않을까.

  와인은 선선한 온도와 적정한 그늘을 만나는 최적의 환경에서 코르크 마개를 통해 미세한 숨을 쉰다. 두 사람이 오랜 시간 동안 숙성을 거쳐 달콤한 풍미를 품을 수 있는 인생의 변곡점을 맞이한다면 그 향기의 여운은 더할 나위 없을 게다.

  벨벳처럼 포근한 수면을 위해 한 잔만 맛보려던 와인은 벌써 증발했다. 천사와 같은 새 식구를 맞이할 기대감에 손길은 어느새 와인 병을 향해 가고 있다.

돋보기 사랑

여배우 마르가리타는 한 편의 그림 앞에서 짙은 통한의 눈물을 흘린다. 초로를 넘긴 여인이 일주일 내내 전시장에 나타나자 루브르박물관 관계자가 조심스레 물어본다. "이 그림과는 어떤 관계인지요?" 여인은 고개 숙여 그림을 바라볼 뿐 말을 잇지 못했다.

조지아의 수도 트빌리시에서 백 킬로미터 쯤 떨어진 카헤티 지역에 시그나기라는 작은 마을이 있다. 우리나라 설악산 한계령 높이의 절벽 위에 옹기종기 형성된 도시이다. 고유의 색인 붉은 기와지붕을 얹은 집들과 오래된 성채에서 중세 느낌이 물씬 나는 곳이다. 마을 아래는 푸른 포도밭의 젖줄인 알라자니 대평원이 펼쳐져 있어 가슴이 탁 트인다. 끝없는 들판을 보듬고 있는 코커서스 산맥이 8월임에도 하얀 눈을 어깨에 걸치고 있다. 나지막한 성곽길을 따라 걸으면 동화 속 같은 옛마을에 발걸음이 쉴 새가 없다. 시그나기라는 마을에 며칠 머물고 싶은 마음이 간절해진다.

니코 피로스마니는 조지아의 화가로 시그나기 마을 근처 작은 포도농장에서 태어났다. 마흔 살을 훌쩍 넘긴 가난한 화가가 프랑스 여배우 '마르가리타'의 공연을 보고 한눈에 반해 짝사랑의 열병을 앓는다. 그림 전부와 집을 팔고 피까지 뽑아 장미 백만 송이를 장만했다. 그녀가 묵은 호텔 광장에다 꽃밭을 만들어 흠모하는 마음을 전했다. 마르가리타는 감동하여 잠시 사랑을 나누지만 결국 화려한 삶을 찾아 그를 떠나고 만다. 그녀가 떠나간 뒤 피로스마니는 빈털털이 생활을 하며 부랑자처럼 떠돌았다. 캔버스를 구입할 여력이 없어 기름을 묻힌 종이나 테이블보, 선술집의 낡은 간판에 그림을 그렸다. 그럼에도 한결같은 온화한 표정이었다고 한다.

그에게는 그림만이 삶이 주는 위안이었을 테다. 떠난 그녀를 그릴 때에도 마르가리타가 지닌 화려한 외모보다는 그의 눈에만 비치는 어린아이 같은 순수한 모습을 그렸다. 대부분 흰색으로 화폭을 채웠는데 자신의 사랑을 영원한 순백으로 채색하고 싶었을까.

여름 한낮처럼 짧고도 강열했던 첫사랑이 내게도 없었겠는가. 그는 내가 간호실습생으로 있던 병원에 환자로 입원한 서울 청년이었다. 병동배치를 받고 담당 병실 문을 열었을 때 칠흑 같은 머릿결의 장발에 하얀 덧니가 유독 눈에 띄었다. 테리우스와 같은 조각적인 얼굴이었다. 그가 입고 있는 환자복이 내 눈에는 세련된 패션셔츠처럼 보였다. 그가 병원 옥상 난간에 걸터앉아 기타를 치는 날이면 밤 근무였던 나는 오렌지쥬스를 몰래 두기도 했다. 피로스마니처럼 백만 송이 장미를 길에 깔지는 못했어도 마음을 들킬 만큼 내 사랑은 옥상 계단에, 그의 침상에, 그가 가는 검사실 곳곳에 차곡차곡 쌓여갔다.

피로스마니는 예술교육을 받지 못해 다른 화가들과 차별되어 멸시를 받기도 했다. 그가 죽고 난 뒤 그림집이 최초로 출판되자 원시주의 풍의 그림에 유럽 화단이 들썩였다. 단순한 팔레트와 간판을 칠하고 남은 페인트로 그렸지만 검은 배경에 단색의 그림이 오히려 돋보였을까. 조지아 사람의 순수한 영혼이 녹아있는 바보 같은 그림에 피카소마저 큰 영향을 받아 초상화를 그려 그에게 헌정하게 된다. 조지아의 화폐 1라리 뒷면에는 그의 초상화가, 5라리에는 '빨간셔츠를 입은 어부' 작품을 도안했다. 전 재산을 팔아 장미를 샀던 그는 계단 밑 작은방에 살며 선술집 벽을 칠했다. 그마저 금주법에 의한 조치로 술집영업조차 중단되어 극심한 빈곤에 시달렸던 암울한 시기는 그를 죽음의 시간 속으로 재촉했으리라.

실연의 날을 보내면서 마르가리타를 그리워하다 그의 나이 오십대 중반에 결국 고단한 삶과 작별을 했다. 영양실조를 동반한 질병으로 마지막 순간에도 손에는 붓을 쥐고 있었다고 한다. 가난한 화가의 이루어지지 못한 사랑이야기는 훗날 라트비아 가요에 러시아 음유시인이 가사를 붙인 '백만 송이의 장미'로 알려지게 되었다. 가수 심수봉의 노래 백만 송이 장미의 모티브가 된 곡이다. 화가는 사랑을 이루지 못 했지만 사랑의 도시라 이름을 얻은 시그나기를 떠나면서 노래의 원곡가사를 읊조려본다. '한 화가가 홀로 살고 있었지. 작은집과 캔버스를 가지고 있었다네. 그는 꽃을 사랑하는 여배우를 사랑했다네. 모든 그림과 하나뿐인 집을 팔아 바다를 덮을 만큼 장미를 샀다네. 백만 송이, 백만 송이…'

그와 단 하루, 바람이 연신 실어 나르는 파도를 바라보며 바닷가를 거닐었다. 결혼을 생각해야 했던 80년대의 젊은 남자는 책임을 이유로 떠났다. 병이 완치되어 비어있는 침상을 보며 그를 마음에 담았던 날들만큼 지독하게 앓았다. 무력감이 바위처럼 짓누르던 시기였다. 일 년이 지나고 그가 매일 거쳐 간다는 간이역에 밤새 기차를 타고 새벽에 내렸다. 뿌옇게 서린 안개를 등지고 긴 선로 위에 마침내 그의 그림자가 아침 해에 닿았을 때, 나의 첫사랑에게 마지막 인사를 전하며 뒤돌아섰던 기억이 아스라하다.

피로스마니가 세상을 떠난 지 오십 년이 흐른 뒤, 그의 그림이 루브르박물관에 조지아 화가 최초로 전시되었다. 간판이나 테이블보에 그림을 그려주고 술과 밥을 얻어먹던 무명화가가 프랑스 미술계에서 인정받는 순간이었다. 아흔에 가까운 여배우 마르가리타는 전시장에 나타나 눈물을 보이며 그림 속의 여인이 자신이라고 고백했다. 그림은 실제 인물로 그가 이 세상 마지막까지 그토록 순열하게 사랑했던 여인의 형상을 담은 제목마저 그녀의 이름을 차용한 '여배우 마르가리타' 작품이었다. 피로스마니의 못다 이룬 사랑을 위해 시그나기 마을은 일 년 내내 24시간 결혼식이 가능하다고 한다. 현재까지도 혼인증명서를 하루 종일 발급해주고 있다.

등보기 사랑이라고도 하는 짝사랑은 목줄에 피가 고이도록 외쳐대도 돌아오지 않는 메아리 같은 속울음이다. '내 인생에 있어 나를 가장 사랑한 사람은 피로스마니 밖에 없었고 나도 지금까지 그를 사랑한다.'

늙은 여배우의 회한이 담긴 뒤늦은 고백이 내 마음속에도 먹물처럼 일렁인다.

성북의 청괴들

 진한 갈색과 옅은 베이지 색상이 잘 매치된 체크무늬 목도리를 두른 노신사가 성북동천 출입문 앞에 섰다. 서 있는 곳에서 정면으로 눈에 잡히는 그림은 김기창 화백의 '미인도'다. '운보는 아름다운 여인의 얼굴을 크게 그린단 말이지' 청각과 언어장애를 가진 운보 김기창 화백의 연작 중 한 편을 바라보며 노신사는 아련한 눈길로 혼잣말을 하신다.

 옥색치마를 입은 여인이 수양버들 아래 다소곳이 옷고름을 손가락으로 여민 그림에서 눈을 떼고 차를 한 잔 부탁했다. 한 모금이나 입에 대셨을까. 펜과 종이를 달라하시더니 순식간에 커피잔을 들고 앉아있는 내 모습을 쓱쓱 스케치하셨다. 건강을 찾느라 매일 아침에 걷기 운동을 한다며 이 시간에 여기를 지나는 것은 처음이라고 하셨다. 5월에 접어든 따스한 봄날에도 목도리를 두른 것을 보니 찬바람을 조심하는 듯 보였다. 등산용 스틱을 챙기고 문밖까지 배웅을 해 드린 후에 드로잉 그림을 찬찬히 보았다. '우현'이라고 써 주신 그분의 호를 보고도 누구인지 알지 못한 우매함을 어찌하리.

　시민문화재 1호인 최순우 옛집에 우연히 들른 것이 거의 일 년 만에 우현 선생을 다시 대하는 계기가 되었다. 한국화가 우현 송영방과 혜곡 최순우의 인연을 기리는 특별전시 '혜곡의 영감-우현 송영방을 기리며' 전시가 열리고 있었다. 우현 선생은 영상 인터뷰에서 자기 작품의 중심은 '자연'이라 했다. 우리 문화를 빚은 한국인의 심성은 자연으로부터 왔다는 혜곡 최순우의 소박하고 격조 있는 삶에서 큰 영향을 받았다고 말하는 장면이었다. 화면이 바뀌자 송화백의 깊이가 느껴지는 작품과 가까이에 두고 아꼈던 애장품을 비춰준다. 지난 겨울 갑자기 세상을 떠난 우현 송화백의 빈자리는 마지막까지 사용한 벼루로 대신한다는 자막이 흘러갔다. 난 순간 멈칫하여 다른 사람의 기사를 착각 했을까 싶었다.

　북악스카이웨이를 넘어 길상사를 지나면서 좌회전 신호를 기다리면 비로소 한숨을 돌린다. 꼬불꼬불 오르락내리락 산길을 넘어오다 처음 접하는 신호에 도착했다는 안도감이 드는 구간이다. 거리는 멀어도 외곽순환도로를 이용해 성북동천 갤러리까페로 출근하는 나의 운전코스이다. 대기신호에서 정면을 향해 눈길이 갔을 때 길게 드리운 기획 전시 플래카드가 보였다. '붓 끝에 기대어 홀로가리라' 멋들어진 굴림체도 한 몫 했지만, '성북의 청괴들'이라는 예인들에 대한 호기심이 증폭하는 순간 신호가 바뀌자 글씨는 멀어졌다.

성북동 일대에 모여 살며 그림을 그리는 친분으로 똘똘 뭉친 여섯 화가의 전시였다. 서울대 회화과 1회 졸업생인 산정 서세옥 작가와 그의 제자이자 동료인 우현 송영방 화백을 중심으로 결성된 모임이다. 그들은 성북동 지근거리에 앞뒷집으로 모여 살면서 아침저녁으로 거리낌 없이 드나들었다. 울적한 심회를 나누기도 하고 문외의 기담으로 파안대소도 하여본다고 회상하는 글이 신문에 기고된 적이 있다. 집집마다 아끼는 돌과 소나무, 매화와 난초를 가꾸는 독창성이 넘치는 젊은 화가를 일컬어 성북의 청괴들이라 칭했다. 중국 청나라 양주지역의 유명화가들이었던 '양주팔괴'에서 연상된 이름이라 한다. 그림을 그리는 맑고 푸른 영혼을 가진 개성 있는 화가들이라는 뜻이다.

전시장에는 현대적인 화풍을 이어갔던 여섯 작가의 여정을 담은 작품들과 드로잉, 살았을 때의 인터뷰영상으로 이어졌다. 화가들의 심중에 담긴 정신과 운필의 차이는 있다하나 전시는 해학의 미를 지닌 그 분들의 정신성이 그대로 살아 있는 듯했다. 담대하고 자신감 넘치는 개성으로 잘 버무려진 한국화에 물씬 빠져들게 했다. 특히 우현 송화백님이 그리신 추사 김정희의 '계산무진' 그림에 눈길이 머물렀다. 계곡에 물이 흐르는 산은 오래도록 지속된다는, 다함이 없음이며 끝이 없다는 뜻이 아니던가. 불과 얼마 전에 타계하셨지만 결코 떠나지 않았음을 그림이 말해주는 듯하다. 진한 울림과 고아함이 넘쳤던 송화백님이 떠나고 그 다음 해에 이석 화백의 영면으로 성북의 청괴 여섯 분이 십 년 사이에 모두 떠나셨다.

청괴라는 이름으로 살면서 그들은 한겨울 동안 적설의 성북동 길을 밟으면서 어느 집에 가도 그 매섭고 싸늘한 매화의 향내 속에 젖어들어 시름을 잊었다고 했다. 설한을 견디는 매화를 가꾸는 심정으로 그 고절(苦節)을 함께 보내면서 봄을 먼저 맞이하는 것이 아니던가. 삶이 짧게 느껴진다는 것은 결국 삶을 열정으로 살았다는 뜻이리라. 그 어떤 시간도 편애하지 않으려 하루를 매 순간 불꽃으로 살았던 그들은 이제 영겁의 숨결을 따라 사라지지 않는 곳에다 자신의 둥지를 틀었을까. 하나둘 성북동에 모여 살았듯이 매화 향이 가득한 그 어디선가 금옥에 발이 닿는 순서대로 만났을까. 각자의 고유한 독창성이 가득한 그림에 몸을 맡기고 반가움에 풍덩 빠져들어 심회를 나누고 있을 터이다.

불광불급(不狂不及)이라 했던가. 미치지 않으면 미치지 못한다는 뜻일 게다. 시퍼런 청기와로 지붕을 엮어가듯 서양화에 매몰된 옛 것을 팽개치지 않고 먹의 농담만을 사랑한 송 화백은 새로운 수묵추상을 향해 오로지 한국화만을 고집했다. 청괴들이 있었기에 성북동 거리마다 여전히 묵향이 흐르고 있지 않은가.

글쓰기를 멈추고 태만해 있던 나에게 돌아가시기 일 년 전, 청괴의 일원인 우현 송 화백의 방문은 우연이었을까. 입명의 경지에 이르기까지 미친 듯이 붓끝을 휘갈기던 선생의 삶을 뒤돌아본다. 선생이 내 모습을 그려주신 펜드로잉 그림을 내려다보았다. 편편이 흩어져있는 내 삶의 조각보가 그 안에서 퍼즐처럼 맞춰지고 있다.

 묵향이 가득한 이 거리에 이제라도 펜을 들어 나의 문향을 보탠다면 청괴의 골목 어느 언저리에라도 미칠 수나 있을까.

달콤한 휴일

후줄근한 추리닝 차림의 동네남자는 연신 훌쩍거리고 있다. 옆에 서서 갈피를 못 잡은 채 나는 이 순간을 모면하고픈 생각만이 머릿속에 가득 찼다. 남자의 품에 파묻혀 있는 시츄의 하얀 털이 새빨간 피에 엉겨 붙어 있었다. 파릇한 오월의 햇빛에 투영되어 싸늘한 그 빛이 더욱 선연했다.

오랫동안 직장에 다닐 때였다. 똑같은 일이 반복되는 스트레스와 매너리즘에 부딪힐 때가 종종 있었다. 그나마 다음날 찾아오는 휴일이 기다리고 있어 한 주를 마감할 수 있었다. 달콤한 휴식이 주는 이완의 느긋함을 즐길 기분에 하루 전 날부터 심장이 넘실거리기도 했다.

그 날도 여느 휴일처럼 아침운동을 나갔다. 꽃들도 바람나기 딱 좋은 봄날, 살랑대는 우윳빛 꽃가루가 헤살거리며 사뿐히 앉을 곳을 찾는다. 감미로운 아침 휴일은 이 맛이지 하며 연초록의 향연에 성큼 다가섰다. 수목은 연둣빛 새순을 가득 매달고 있다. 라일락 향기에 코끝이 찡한 경사진 길을 한 바퀴 돌다보면 등줄기가 흥건해진다. 땀 흘리고 난 후 막 샤워했을 때의 그 청량감을 무엇에 비할까. 휴일에만 즐길 수 있는 나만의 호사였다.

산책길로 접어드는 길목에 추리닝을 입은 남자가 보였다. 갈색 털이 섞인 하얀 강아지를 안고 차량 진입을 막는 석재 볼라드에 걸터앉아 있다. 통로에 바짝 붙어 지나가다 힐끔 내려다보니 꼬물거리는 시츄였다. 물기가 촉촉한 새까만 눈망울과 뽀샤시한 하얀 털에 나도 모르게 시선이 멎었다. 그때 기다리기라도 한 듯 남자가 잠깐만 시츄를 돌봐달라며 덥석 안기고는 화장실로 뛰어 들어갔다. 얼떨결에 안은 시츄는 낯선 품 안을 알았는지 오들오들 떨고 있다. 사람의 체온과도 같은 온기가 혈관처럼 돌아 내 품을 순식간에 데워주었다.

시츄의 보드라운 털을 쓰다듬는 순간, 비호같은 물체가 번개같이 내 팔을 훑고 지나갔다. 몸이 용수철처럼 튀어 오르는 동시에 손에 있던 시츄가 마술같이 사라졌다. 집채만 한 덩치의 개가 시츄를 물고 쏜살같이 멀어진 곳을 눈으로 쫓으며 나는 발을 동동 굴렸다. 내리막길로 있는 힘을 다해 초등학교까지 달려가자 아이들의 비명 소리가 여기저기 들려왔다. 교문을 들어서니 그 개는 포악스럽게 시츄를 입에 문 채 긴 다리로 마라톤 하듯 운동장을 몇 바퀴나 돌고 있었다. 제지할 틈도, 앞을 가로막을 수도 없이 시가행진을 끝낸 것처럼 기세등등하게 흙바람을 휘날리며 빛의 속도로 빠져나갔다. 아수라장을 뒤

쳐나와 공원 입구에 다다르자 화장실에 다녀온 추리닝 남자가 상황을 들었는지 안절부절 못하고 있었다.

숨이 헐떡거려 한 발자국도 떼지 못하는 종아리를 부여잡고 큰 개가 할퀴고 간 흙먼지 속에서 나는 넋을 잃었다. 상황을 목격한 동네 사람이 가리키는 손짓을 따라 찾아들어간 곳은 지붕이 낮은 슬레트 집이었다. 대문이 열려 있는 개집 안에서 그 개는 마치 전장에서 적장의 목을 베고 돌아온 혁명군처럼 고개를 치켜들고 숨고르기를 하고 있었다. 아무 일 없다는 듯 평화로운 풍경이었다. 더 어처구니가 없는 것은 자신의 애는 여태 집에 있었다며 활짝 열린 대문을 보고도 믿지 않는 개주인 여자의 태도였다. 개가 물어뜯은 어린 시츄는 차가운 시멘트바닥 귀퉁이에 처참하게 늘어져 있었다. 목줄을 뚫고 깊이 박힌 이빨자국 사이로 시뻘건 핏물이 하얀 눈 위에 뚝뚝 떨어진 선혈처럼 섬뜩했다.

특정한 견종을 인증하는 혈통서를 진도 군수에게 받은 족보 있는 진돗개임을 여자는 녹음기처럼 되풀이했다. 개가 족보가 있으면 개주인에게도 족보를 주나요, 양반집 가문의 안방마님 같은 말투가 거슬려 재채기처럼 튀어나올 뻔한 말을 침으로 삼켰다. 차라리 나의 금쪽같은 휴일에게 족보를 주고 싶은 심정이었다.

시츄 주인 남자는 입고 있던 추리닝을 벗어 말없이 강아지를 감싸 안았다. 러닝셔츠 차림으로 눈물인지 콧물인지 훌쩍대며 서 있기만 했다. 내가 중재에 나섰다. 승부 근성이 뛰어나 수렵본능을 가진 진돗개가 동종을 사냥한 결과물을 보고도 여자는 사과의 말은커녕 벽창호 같이 단호했다. 결국 경찰에 도움을 청했다. 나는 참고인이지만 당시 사건의 중심에 있었으니 조사와 확인이 끝날 때까지 경찰서에 남아야 하는 처지였다.

숨을 헐떡거리며 개 잡으러 뛰어다니다가 경찰서까지 가서 중복되는 진술에 나는 지쳐갔다. 나의 따스한 휴일, 한낮의 햇살도 이미 목이 쉬어버렸다. 살다보면 예기치 못한 일을 더러 만나기도 하지만 우아한 휴일에 바사삭 멘탈 무너지는 소리가 턱 밑에서 도사리고 있을 줄 누가 알았으리. '개 같은 날의 오후' 영화 장면이 떠올랐다. 사십 도를 육박하는 불볕더위에 가정폭력을 일삼는 남자를 동네 여자들이 응징하려다 살인사건이 되고 만다. 여자들 모두 엮여 쇠고랑을 차고 철창신세를 지게 되는 산만하지만 명쾌한 사회적 이슈를 다룬 블랙 코미디 영화였다. 나도 영화 한 편을 찍었나 싶었다.

넉넉하던 휴일은 성충이 되어 야금야금 뜯겨나갔다. 내 손에서 떨어져 나가 생명을 잃은 시츄의 파르르 떨리던 눈빛만이 애잔하게 남아있을 뿐이다. 비록 순간이었지만 내 허벅지 위에서 쌕쌕거리던 작은 생명의 숨결이 고스란히 심장에 남아있지 않은가. 그럼에도 너그러운 나의 휴일이 허리가 잘려나간 것을 아쉬워만 하고 있었으니. 편향적인 아집을 가진 개 주인이나, 수십 배 몸집이 작은 강아지의 목을 물어뜯고도 의기양양하던 진돗개나, 잠시나마 나의 달콤한 휴일을 운운했던 내가 다를 게 무엇이 있겠는가.

여름의 끝에서 널 기다려

손톱을 잘라내어도 첫눈이 내릴 때까지 붉은 꽃물이 남아 있으면 첫사랑이 이루어진다고 했다. 첫사랑이 이루어질 리도 만무하지만 왠지 젊은 날의 풋사랑을 만난 듯 슬그머니 웃음이 난다. 가을날 제 몸 빛깔을 아낌없이 물들이는 붉은 단풍잎처럼 불꽃같이 피어올랐던 그 시절이 왜 없으랴.

첫눈이다. 밤새 소리 없이 내린 눈이 높은 아파트 창가에서 내려다보이는 놀이터 주변까지 하얗게 덮어놓았다. 베란다 철제 화분걸이에서 바짝 말라있던 국화도 하얀 솜사탕을 물고 있다. 싸아한 아침 찬 공기를 집안으로 불러들이고 창문을 닫았다. 문손잡이에 머물러 있는 손가락을 바라보다 손톱 끝에 남아있는 봉숭아꽃물이 눈에 잡혔다. 첫눈이 내렸는데 콕 찍어놓은 꽃물이 초승달마냥 손톱 끝에 대롱대롱 매달려있다.

지난해 초부터 성북동에 위치한 '성북동천' 갤러리까페 운영을 맡아 할 때이다. 창문 밖 길가에는 구청에서 관리하는 화단이 길게 늘어서 있다. 성북야행이나 각종 문화행사로 재작년에 인도를 대폭 넓혀서 사람이 지나다니는 앞길이 아주 훤해졌다. 화단에는 연둣빛 새싹이 송송 고개를 내민다. 그 둘레에는 바로 이웃인 꽃집에서 내다놓은 봄꽃들이 앞뒤를 다투고 있다. 까페의 접이문을 양쪽으로 밀어붙이면 화려한 꽃무리정원이 눈앞에 펼쳐진다. 북정마을 주민들이 이사를 나가면서 꽃을 잘 키우시는 갤러리 대표께 주고 간 몇 개의 화분까지 가세를 했다. 채송화와 족두리꽃이 슬슬 여름을 준비할 때이다. 봄의 전령사가 퇴장한 곳에는 천일홍이 낭창한 잎 속에 숨어 배시시 얼굴을 내미는 아기범부채가 슬그머니 자리를 채우고 있다.

그 틈새로 초록의 몸통에 잎자루만이 뻣뻣하게 버티고 있어 그다지 눈여겨보지 않았던 화분이 눈에 띄었다. 어느 날부터 보라색과 붉은 와인 빛을 반쯤 섞은 것 같은 선홍빛 꽃잎이 서서히 잎겨드랑이를 이불삼아 동그랗게 몸을 말고 있지 않은가. 봉선화였다. 어릴 때 마당 한 귀퉁이를 채우던 장독대에서 담벼락을 지렛대 삼아 쑥쑥 꽃대를 피워올리던 순둥이 그 꽃.

엄마는 갸름한 잎과 주홍빛 꽃잎을 뚝뚝 따다가 그 자리에서 소금을 섞어 돌멩이로 콕콕 찧었다. 그리고는 호박잎 한 장 뚝 따서 두 손바닥으로 문질러 숨을 죽인 후 쪽쪽 찢어 손톱마다 흰 실로 칭칭 감아주던 아련한 풍경이 눈앞을 지나갔다. 수돗가 한쪽을 차지하던 봉숭아꽃은 항상 여러 그루가 무리를 지어있었다. 그런데 두어 줌 남짓

한 화분의 흙 속에서 홀로 뿌리를 내리고 햇빛을 따라 부지런히 꽃을 피워냈으니 참으로 기특하다.

갑자기 손톱에 꽃물을 들이고픈 생각에 잎과 꽃송이를 고루 따서 봉지에 담았다. 근처 약국에서 백반도 준비했다. 묶을 바느질실을 자르고 손톱을 감쌀 비닐장갑도 끝을 잘라 가지런히 줄을 세워두었다. 유리그릇에 잎과 꽃을 넣어 잘게 빻았더니 어느새 물기가 촉촉하게 돌았다. 짓이겨진 채로 봉숭아꽃의 푸르죽죽한 덩어리는 아낌없이 내 손톱 등에 살점을 내던진다. 빨간 꽃물을 손톱에 앉히면 다시 꽃을 피우기 위한 순환의 시작이 된다.

다음날 새벽 비닐주머니를 헤집고 나온 손톱은 발그스름한 새색시의 볼처럼 붉게 물들어 있었다. 출근길에 슬쩍 봉숭아 화분을 바라보니 어제보다 한층 더 생기가 도는 모습이다. 자신이 내어준 꽃잎으로 물들인 손톱을 보여 달라고 재촉하는 표정 같다. 답례로 시원한 물 한 바가지를 흠뻑 안겨주었다. 한해살이로 살다 질 것을 여름 한철 동안 잎을 틔우고 꽃을 피워내느라 얼마나 있는 힘을 게워낼까. 뜨거운 햇빛에 고개를 쳐들며 한나절 내내 붉은 꽃잎을 활활 태울 기세다.

나 혼자 손톱을 물들인 것이 미안할 정도로 봉숭아꽃의 유혹은 자지러지는 여름 한낮 햇살만큼 강렬하다. 마침 그 즈음 두어 달 동안 매일같이 자스민 차를 마시러 오는 진이가 생각났다. 보배 진이라는 예쁜 이름과 긴 머리칼도 아름답지만 하늘거리는 스커트에 잘룩한 스웨터 차림이 잘 어울리는 성북동에 사는 여인이다. 나와 차 마시며 이야기 나누는 것이 좋다지만 꽃물 들이는 것 또한 환한 웃음으로 반겼다. 푸석하고 몽땅한 내 손톱 보다 진의 손톱은 훨씬 윤기가 있고 길쭉하다. 소설을 쓰고 있다더니 "언니 덕분에 소설 속의 주인공에게도 봉숭아물을 들이기로 했어요" 한다. 도심지의 길가에서 좁은 화분 틈으로 피어난 봉숭아꽃이 홀로 있어도 외롭지 않게 되었다. 소설 속 주인공까지 세 여인의 손끝에서 빨간 꽃송이로 다시 태어났으니 말이다.

  손톱을 숨 쉬게 하는 봉숭아꽃은 건강하고도 예쁜 손가락을 꾸밀 수 있어 여인들에게 얼마나 사랑스러운 꽃인가. 봉숭아물이 남아 있을 때까지 첫눈이 내리면 첫사랑이 이루어진다고 한다. 그러한 옛말은 병사의 기원이 애정의 소망으로 전이 되었을 테지. 첫눈이 올 때까지 꽃물 든 손톱이 남아 있기를 바라는 마음은 애틋한 그리움을 보낼 수 없어서일까. 붉은 자국의 은은한 꽃물은 기다림의 향기가 되어 하루를 가득 채우고도 남아 있음이다. 손끝마다 핏물처럼 배여 오래 지워지지 않을 꽃물 같은 그리움이 누구에게나 있지 않을까. 소설 속의 여인에게도 진이에게도 손끝에 남아 있는 주홍빛 사랑이 스며들었으면.

  잘 닦아 놓은 유리잔처럼 맑은 하늘이다. 붉은 초승달 손톱을 보며 잠시 설레었던 첫눈 내리는 아침이었다. 내년에도 그리움 가득 매달은 봉숭아꽃망울과 마주하게 되기를, 마음은 벌써 여름 정원을 서성거리고 있다.

ß 2부

갓 구운 새벽

족두리꽃

 간밤에는 또 얼마나 아팠을까. 아침마다 출근길에 화단으로 먼저 달려가 눈인사로 말을 건넸다. 배시시 힘없는 미소를 짓는 얼굴이 창백하기만 하다.
 북정마을 주민이 이사를 가면서 화초를 주고 갔다. 족두리꽃이다. 좁은 화분에 가녀린 이파리 서너 줄기가 쭈뼛거리며 낯가림을 한다. 화단에는 산책하는 개들의 오줌 때문인지 한쪽 모서리가 원형탈모처럼 비어있어 눈에 거슬리던 차였다. 그 자리에 흙을 돋우어 족두리꽃을 옮겨 심었다. 처음에 여리여리한 꽃대만 삐죽이 올랐을 때는 볼품이 없었다. 아기 손가락 모양의 잎마저 듬성듬성 초라한 데다 새 식구로 자리매김하느라 몸살까지 앓았다. 어느새 뿌리를 잘 내렸는지 슬슬 꽃대가 실해지고 있었다.
 여름이 시작되자 칠보단장을 한 꽃송이가 여기저기 화르르 터져 나오기 시작했다. 원줄기 끝에 모여든 주걱 모양의 꽃잎 네 쪽이 여인의 손톱처럼 가지런하다. 꽃송이가 새색시 시집갈 때 씌워주던 영락없는 족두리 모양이다. 막 개화한 나비 모양의 꽃잎들이 한데 어우러져 뜨거운 명암의 대비를 이루고 있지 않은가. 내가 근무하는 갤러리까페에 불이 켜지면서 길에는 보석 같은 불꽃송이가 둥둥 떠다니는 것처럼 보였다.

어느 날 꽃대 위에 살포시 앉아있는 풀빛 곤충들이 눈에 띄었다. 여치였다. 낚싯줄 같은 씨주머니를 그네 타듯이 폴짝폴짝 뛰어다니는 어린 풀여치 덕에 족두리꽃이 심심치 않아 보였다. 넌지시 재미있느냐고 눈짓을 보내면 다소곳이 꽃잎을 여미는 듯했다. 하루는 시원한 물을 흠뻑 안겨준 후, 선녀의 옷깃 같은 꽃잎에 향기를 맡으려 얼굴을 가까이 댔다. 그 순간 내 눈을 비벼댔다. 가녀린 꽃잎마다 여기저기 구멍이 숭숭 뚫어져 있는 것이 아닌가. 여치가 꽃 사이를 오가며 사이좋게 노는 줄 알았더니 여린 잎을 사정없이 다 갉아먹고 있을 줄이야. 아침이면 꽃송이들이 입을 돌돌 말고 있어 미처 못 보고 저녁에는 불빛에 가려 눈에 띄지 않았다.

애처로워 꽃잎을 쓰다듬었다. 여치는 아랑곳없이 내 손등을 올라타더니 천연덕스럽게 포르르 날아간다. 족두리꽃이 열댓 송이까지 늘어나면서 녀석들의 개체 수도 몇 배나 불어났다. 무리를 지어 번식하더니 성장 속도까지 빨라 거의 메뚜기만 한 놈도 더러 보였다. 꽃송이 하나에 네댓 마리씩 들러붙어 여린 살점을 파먹으며 녀석들은 살이 오를 대로 올라 제 세상인 양 줄넘기를 한다. 급기야 알알이 여문 씨주머니에도 무참하게 구멍을 뚫어 놓았다. 그러나 한 발자국 뒤에서 보면 수난을 당하고 있는 꽃의 모습이 아니다. 오히려 청초하기 이를 데 없는 한 폭의 그림 같다. 꼿꼿하게 수형을 가다듬고 의연하게 서 있는 자세가 젊었을 때의 엄마 모습을 보는 듯했다. 온갖 풍상을 겪은 족두리꽃, 그 안에 엄마가 서 있었다.

 아버지는 생때같은 큰아들을 잃고 수족이 잘린 고통을 엄마에게 풀었다. 밤이면 막걸리에 절어 짐승처럼 끅끅거렸다. 쉰 소리는 담벼락을 타고 전봇대를 휘돌던 밤바람에 오도카니 갇혀 메아리처럼 골목을 휘저었다. 창살에 부딪혀 웅웅거리던 바람 소리와 아버지의 신음 소리가 합쳐지면 마치 장송곡처럼 들렸다. 엄마와 나는 한겨울에도 동이 틀 때까지 밖에서 오돌오돌 떨었다. 폭풍이 지나간 아침이면 여기저기 어질러진 가재도구며 옷가지를 정리했다. 딸자식 필요 없다며 내 던진 책가방을 챙겨놓고 해장술을 받아왔다.

 엄마는 핏기 없는 얼굴로 박달나무 도마에 마른 북어를 놓고 방망이질을 해대었다. 밤새 잠도 못 잔 기력으로 어디서 그런 힘이 났을까. 아버지는 술을 넘기는 목울대에다 떠난 자식을 매달고 살았다. 엄마는 아버지 수발에다 남은 자식들 챙기느라 고치를 틀지 못하는 병든 누에처럼 삭아갔다. 아버지는 술만 드신 것이 아니라 엄마의 영혼까지 갉아먹고 있다는 것을, 그때 알기나 했을까.

 족두리꽃은 더운 나라 아프리카가 고향이다. 먼 나라로 족두리를 쓰고 시집 왔을까. 낯선 곳에서 힘들게 뿌리를 내리고 꽃을 피워 내던 차에 뜻하지 않는 수난을 당했다. 여치 떼의 갖은 횡포에도 우체통만큼 키가 자랐다. 소복한 꽃송이도 한아름이나 됐다. 성북동 거리를 걸어가는 사람들은 빨간 우체통과 족두리꽃 옆에 서서 연신 사진을 찍어간다. 나는 수형을 잡아주기 위해 목질화가 된 줄기 하부의 누런 잎을 수시로 쳐내 주었다. 더운 날에는 철벅대도록 시원한 물을 안겼다. 장마 때는 거센 비에 꺾여 바닥으로 쓰러질까, 지지대를 세워주기도 했다. 몸통이 기린의 목처럼 매끈해졌다. 꽃송이가 더욱 도드라져 보인다. 곱게 씌워준 신부의 족두리가 아니라 상처를 견뎌내고 우여곡절 끝에 얻은 여왕의 왕관이라 해도 손색이 없을 게다.

장맛비가 내리고 그치기를 반복했다. 족두리꽃은 구멍 난 잎을 더 드러내는 줄도 모르고 꽃잎을 활짝 편다. 여치가 머물다 간 손톱만 한 이파리에는 여백보다 구멍이 더 많다. 현무암이 된 꽃송이가 비를 흠뻑 들이키고 있다. 빗물에 씻겨 상처투성이의 시간이 윤색되어가는 모습을 지켜보는 것일까. 꽃잎이 뚝뚝 떨어진다. 여름의 끝자락까지 피고 지기를 무수히 거듭하던 족두리꽃은 할 일을 다 한양, 혼연히 떠날 준비를 하고 있다. 무거운 짐을 내려놓고 곡진하게 삶의 무게를 톺아보는 수도승의 처연함이 저러할까. 여치마냥 꽃잎을 파먹으며 평생을 살 것처럼 고함만 지르던 아버지도 세상을 떠났다. 칠보단장을 하고 족두리 쓰고 곱게 시집왔을 엄마도 저 족두리꽃처럼 숭

숭 뚫린 가슴으로 살다가 꽃잎 한 점 남기지 않고 생을 거두어 가셨다.

잘 가요 엄마. 나는 창백한 족두리꽃을 하염없이 매만지고 있었다.

아버지의 토끼장

묵은 서랍에서 비닐에 싸인 사진 한 뭉치가 손에 잡혔다. 흑백사진 묶음에는 아버지의 생전 모습이 섞여 있다. 나는 두 장을 손바닥에 올려놓고 나머지는 다시 쟁여 넣었다. 한 장은 밀짚모자를 쓰고 흙 묻은 흰 고무신 차림으로 고추밭 이랑에 서서 무엇인가 가리키는 모습이다. 벌써 아침 해장술부터 시작해 종일 약주를 드셨다는 것이 반쯤 풀린 눈자위를 보면 알 수 있다. 또 한 장은 낡은 토끼장 앞에서 아버지의 반 백발 머리숱만큼 희끄무레하고 털이 엉성한 토끼 한 마리를 품에 안고 있는 사진이다.

내가 열 살 무렵에 큰 오빠를 잃었다. 우리 가족은 온통 큰오빠의 흔적이 사방 천지에 널려있는 밀양의 끄트머리 외딴 사과밭을 버리고 서둘러 읍내 둑방 길옆으로 이사를 나왔다. 낡고 오래된 대문이 금방이라도 주저앉을 것 같은 집이었다. 좁은 마루에는 안개처럼 희미한 유리가 끼워진 문짝이 문 도르래에 걸려 꺽꺽거리고 있었다. 금이 간 회색 벽 사이로 창호지가 너덜거리는 방 두 개와 부엌 입구에는 불을 지피는 솥걸이가 시커먼 그을음 속에서 덜렁거렸다. 낡은 시멘트가 여기저기 떨어져 나간 수돗가에는 녹슨 펌프가 긴 손잡이를 늘어뜨린 채 녹물에 삭아가고 있었다. 마당 한가운데 있는 장독 위에서 어른거리는 빗물은 한나절이면 햇빛에 걷힐 것 같았다.

담벼락 끝의 조그만 텃밭에는 말라비틀어진 채소줄기와 잿빛으로 퇴색된 거름이 봉분처럼 켜켜이 쌓여 오래 비어있던 집이라고 말해주는 듯했다. 반쯤 정신이 나간 아버지와 엄마는 한마디의 말도 없이 서로를 등진 채, 몇 날 며칠 동안 넋을 놓았다. 사람이 살지 않았던 그 집처럼 폐허가 되어갔다. 큰오빠 아래로 셋이나 되는 동생들이 눈을 동그랗게 뜨고 있었다. 차마 남은 자식들 굶길 수는 없었기에 엄마는 물에 잠긴 스펀지 같은 몸을 일으켜 솥단지를 앉히고 불꽃이 사그라질 때까지 장작불을 땠다.

어느 날 아버지는 어디선가 털이 희끗희끗한 토끼 한 마리를 안고와 마당에 풀어 놓더니 토끼장을 만들기 시작했다. 각목 네 개를 묶어 철사로 단단히 조여 고임목으로 받치고 긴 나무판때기를 촘촘히 덧대어 ㄷ자 형태로 상자 집을 뚝딱거려 다리와 연결했다. 마치 캄보디아 톤레샵 호수 위에 편편히 떠 있던 수상가옥 같은 모양이었다. 손잡이를 단 앞문에는 철사로 벌집 같은 무늬를 칸칸이 만들어 토끼가 주둥이를 내밀면 풀을 받아먹을 수 있게 얼기설기 마름질을 하였다. 한 마리가 외로워 보였을까. 아버지는 또 어디선가 한 마리를 안고

와 마당 텃밭에는 여기저기 토끼가 뛰어다녔다. 나는 학교에서 돌아오면 둑으로 가 풀을 뜯어 와야 했다. 토끼의 수가 늘어날 때마다 내가 풀밭에 머무는 시간은 길어졌고 풀에 베인 종아리의 생채기는 벌겋게 늘어났다.

오빠가 떠난 날 아버지는 그 자리에서 화석이 되어버렸다. 서너 차례 골목점방에 가서 대접에다 한가득 막걸리를 받아오는 일과 토끼장 앞에 앉아 눈만 껌벅이는 일이 하루의 일과였다. 어쩌다 느슨해진 철사를 헤집어 토끼가 머리부터 내밀고 필사의 탈출을 할 때가 있다. 아버지는 한 걸음으로 마당에서 토끼 귀를 낚아채 마치 죽은 아들의 멱살이라도 끌고 오듯이 성큼 달려가 토끼장에 가두었다. 장렬한 의식을 치르고 난 후 그 대가로 잃은 자식을 되돌려 받을 수만 있다면, 신에게 어떤 도전이라도 해낼 것 같은 비장한 걸음걸이였다. 자식을 앞세운 아버지는 토끼장 앞에 쭈그리고 앉아 미망의 눈빛을 하고 종일토록 그 주문을 하고 있었던 것일까.

방금 찬물로 세수한 스물한 살의 얼굴 같은 오월이라고 피천득 선생이 말 했던가. 큰오빠는 신록과도 같은 스무 살을 갓 넘긴 푸른 청년이었으며 한겨울에도 뜨거운 피가 끓어 넘치는 건장한 젊은이였다. 아버지를 대신해 과수원의 농사일을 도맡아 해마다 가을이면 굵직하고 때글때글한 사과를 마당 한가득 쏟아놓던 튼실한 맏아들이 아니었던가. 아버지는 반짝거리는 청춘을 사과밭에 다 바친 그런 아들을 땅에 묻어야 하는 날벼락을 당하고 말았다. 자식은 부모를 땅에다 묻지만 부모는 가슴에 묻는다고 했다. 자식을 먼저 잃는 가혹함을 참척이라 했던가. 자식이 부모보다 먼저 죽는 쓰라리고도 비통한 심정을 일컫는 말이다. 이 세상 그 어떤 것과도 비견할 수 없는 참혹한 절통이 내 부모에게 기척도 없이 들이닥쳤다.

어쩌면 아버지는 말 못 하는 토끼에게 이 세상에서 죄 많은 당신의 지치고 고된 몸을 어찌하면 아들에게 갈 수 있을지, 그 길을 물어보기도 하셨을 테지. 생때같은 장남의 부재로 지천이 숯검댕이와 같았을 삶의 그 황망한 길에 자식 같은 토끼라도 바글바글 풀어 놓고 싶었을까. 철망을 뚫고 한 마리가 빠져나가면 또 잡아들이기를 반복했다. 마치 혼이 빠져나간 허수아비처럼 멈춰버린 영상의 필름을 수없이 되풀이할 뿐이었다. 그러다가 토끼장의 틈새가 주먹만큼 벌어지면 철사를 엮어 또 한 칸씩 메워나갔다. 그 행위는 아버지가 집 밖의 세상과도 단절하는 마음의 빗장을 치는 것과 다름이 없었다.

사진 속의 아버지는 잃은 자식을 쓰다듬듯 토끼를 꼭 껴안고 있다. 내가 스무 살이었으니 쉰 후반 즘이라 여겨진다. 아들을 먼저 보내는 역리의 형벌은 가혹하기 이를 데 없었으리라. 아버지는 토끼장에 갇혀 가뭇없이 사라져간 오빠의 그림자만 쫓다가 그 어떤 미련 한 점도 남기지 않고 홀연히 세상을 버리셨다. 예수가 십자가를 지고 골고타 언덕을 넘어가듯 그렇게 시퍼런 멍 덩어리를 안고 터벅터벅 걸어가셨으려나.

  먼저 도착한 아들과 가슴 벅찬 해후를 하셨을지. 아버지의 품 안에는 영원히 놓치지 않을 아들의 옷자락이라도 부여잡아 깊이 숨겨두기라도 하셨을까.

사 과

볼그족족한 홍로사과가 까만 천위에 떼구르르 굴러간다. 저울의 눈금에 따라 분류 칸으로 선별되기를 다소곳이 기다리고 있다. 작업을 끝낸 사과는 오목한 스치로폼이 깔려 있는 박스 안으로 살그머니 정렬을 마친다. 내가 가져갈 상자에는 검은 반점이 더러 있는 부류와 까치가 콕콕 쪼아 먼저 맛을 본 흠집이 있는 사과가 섞여 있다. 강한 햇빛에 화상을 입은 사과도 있고 거무스름한 피부를 가져 상품에 선발되지 못한 처지들이다.

식구가 먹을 것이라 약간의 흠이 있다 해도 나무에서 바로 딴 것이니 얼마나 신선하겠는가. 올해는 워낙 많은 비가 내려 수확량이 줄은 데다 새들의 횡포마저 심해 주인의 근심이 이만저만이 아니다. 귀촌생활을 하는 친구 덕에 과수원 주인의 덤이 수북해진다. 지인에게 부탁받은 몫까지 박스를 여미지 못할 만큼 고봉으로 담은 사과를 몇 상자 싣고 서울로 출발했다. 고속도로에 들어서자 빗발이 거세진다. 사과향기가 차 안을 가득 채우자 갑자기 눈자위가 뜨끈해졌다. 고개를 도리질했다. 하지만 단내가 진동하는 차 안에서 두 시간 남짓 갇혔으니 기억의 뇌관을 제대로 터뜨린 셈이다.

대여섯 살부터 초등학교 때까지 과수원에서 살았다. 밀양군 삼문동 끝자락에서 들판을 움켜진 둑 너머로 강가에 하얀 모래밭이 나올 때까지 사과나무가 줄지어 있는 집이었다. 사람들은 우리 집을 사과밭 외딴집이라고 불렀다. 봄에는 사과나무 옆으로 밭고랑을 만들어 땅콩을 심었다. 겨울이 되면 마루 귀퉁이에 콩자루가 그득 했다. 그때 아버지는 오십 대 전이었는데 농사일은 큰 오빠가 도맡아 했다. 갓 스물이었다. 오빠는 어릴 적 동상을 심하게 입어 손가락이 몇 개 굽은 탓에 아마 군 면제를 받은 것 같다. 엄동설한에 나무를 해 오면서 군불 지피는 장작 아궁이에 손을 불쑥 내밀어 오그라들었다고 했다. 학교도 제대로 다니지 못하고 치료를 위해 여기저기 용하다는 곳을 찾아다니다 먼 지방의 환자촌에도 얼마 동안 지냈다고 들었다.

어느 날 갑자기 낯선 청년이 신기루처럼 떡하니 나타나 막내인 나를 번쩍 안아 올렸던 기억이 생생하다. 얼마나 졸졸 따라 다녔는지 모른다. 오빠는 늘 묵묵히 일만 했다. 시커먼 거름을 지게에 가득 지고 둑을 넘었다 돌아오기를 반복했다. 등에는 휘청거리는 농약 통을 매달고 오른손으로 펌프질해가며 나뭇가지 꼭대기까지 약을 뿌렸다. 나무사다리에 올라가 가지치기를 하고 있을 때, 오빠를 부르면 위태로운 자세에도 얼굴을 내밀어 하얗던 이를 드러내 주었다.

그때는 사과나무도 오빠도 얼마나 키가 컸던지 한참을 올려다봐야 했다. 전지 치기나 약 뿌리기가 일쑤인 넓은 과수원 일을 일군도 없이 혼자서 해내려면 끝도 없었으리라. 아버지는 일찌감치 손을 놓고 시원한 원두막에서 막걸리잔을 들지 않으면 늘 외출하셨다. 당신은 농사일이 맞지 않다고 하며 참으로 무책임한 가장으로 큰소리만 치며 살았다. 그 시대의 가부장적인 표본이 아니었던가. 아침 밥상에는 언제나 엄마가 미리 깔아놓은 계란후라이 위로 눈처럼 소복이 담긴 흰 쌀밥에 속을 달래줄 해장국이 차려졌으니 말이다.

쉬지도 않고 힘든 과수원 일만 하던 장남이 선을 보았던 처녀 집과 약혼을 하고 느닷없이 파혼한다는 기별을 중매쟁이로부터 받아도 아버지의 일상은 그대로였다. 파혼의 이유는 아마도 읍내에서 늘 술을 자시는 아버지의 실체가 한 몫 했을 것이다. 과수원 일이 여간 힘든 것이 아님을 알기에 그 댁 따님의 고생이 눈에 훤히 보이는 것은 자명한 일이 아닌가. 게다가 과수원조차 온전히 우리의 재산이 아니었다. 기찻길 건너 용평에 사는 서부자의 소유라고 하니 더 말할 여지가 없었을 게다. 새 빠지게 한 해 농사지어봤자 소작인의 몫이란 것이 뻔했을 터. 좁은 시골 동네에서 과수원의 주인이 누구인지는 손바닥 보듯 훤했을 시절이었다. 오빠는 그 이후로도 몸서리치게 많은 일거리를 추어내고 몸이 부서져라 혹사를 했다. 그에게 말 못 할 고통의 시간들이 철없던 나에게는 천국이었다.

몇 사람의 몫을 해내고 사과를 실어 장에 내다 팔고 돌아올 때, 손에는 꼭 막대사탕과 비스켓을 잊지 않았다. 짐을 내린 빈 리어카에 나를 태워 손잡이를 꽉 잡게 한 후 빙글빙글 돌아가는 놀이기구처럼 흔들어주기도 했다. 가을에 운동회를 앞둘 때면 달리기 일등하라고 하얀 운동화를 내 발에다 신겨 주었다. 더 어렸을 때는 오빠 등에 업혀 극장에 간 적도 있었다. 그때는 아마 손을 잡고 걸어가면 입장료 반값을 받았지 싶다. 그래서 점퍼로 내 얼굴을 덮어씌우면 아기처럼 얼굴을 묻고 들어갔던 기억이 난다.

과수원 농사가 마지막이 되던 그해 늦가을이다. 내가 열한 살이 채 되기 전이었다. 발이 쑥쑥 자라 제법 낙낙한 새 운동화를 아끼느라 이불 속에서 꼭 안고 잠을 자던 때였다. 아침 일찍부터 앞마당이 술렁거려 잠이 깼다. 방문 밖으로 사람들이 분주하게 오가는 소리가 들렸다. 저만치 순경아저씨가 서 있었다. 둑 너머 강가까지 눈을 비비며 털래털래 걸어갔다. 모래사장에 빙 둘러 서 있는 동네 사람들 허벅지 사이로 찬 바닥에 널부러져 넋을 잃은 엄마 얼굴이 보였다. 밤새 이슬이 내려 모래가 축축했다. 누군가가 모래밭에 막대기로 새겨 놓은 큰 글자들이 아침 햇살에 사방으로 흩어지고 있었다. 큰 오빠는 나에게서 천국을, 가을 운동회에 신을 새하얀 운동화를 손에 쥔 채 멀리 떠나버렸다.

빗줄기가 세차게 차창을 흔들어댄다. 새빨간 홍로를 소매에다 문질러 한입 베어 물었다. 단단한 과육이 눈물과 침에 섞여 짜고도 새큼하다. 사과는 튼실하게 잘 여물었다. 빨갛고도 고운 빛깔이 눈으로 보기만 해도 탐스럽다. 나는 아직 여물지도, 단단하지도 못해 늘 가을의 문턱을 넘지 못하는데. 수십 년이 지났어도 사과는 여전히 눈물방울이다.

갓 구운 새벽

잘 익은 곡물의 달큰한 향이 스쳐간다. 미각의 촉수가 근원지를 탐색하느라 동선을 넓혀가고 있다. 달달하고 향긋한 맛이다. 갓 구워낸 곡물의 발효 향과 커피 향기가 걸음을 멈추게 한다.

초록 신호등이 켜졌는데 선뜻 건너지 못하고 냄새를 쫓아간다. 교차로에서 발이 묶였다. 뒤돌아봤을 때 금방 눈에 띈 것은 '달콤 제빵소'라는 빵집 간판이다. 프레임에 담긴 베이글빵 사진이 영화 포스터처럼 시선을 유혹한다. 아침 조명에 빵은 윤기를 더해 반들거리고 있다. 약간의 허기가 출렁대고 있어 손가락은 벌써 빵집 문을 터치한다.

내가 어렸을 때 밀양의 우리 집은 사과밭이었다. 과수원 마당에서 멍석에 쏟아놓은 사과를 선별하는 작업을 하고 있을 때였다. 큰오빠가 일군들과 나눠 먹을 새참 중에 삶은 고구마를 할머니께 갖다 드리라고 했다. 낡은 툇마루에 딸려 있는 할머니의 방 앞에 오후의 볕뉘가 모여들고 있었다. 신발도 벗지 않은 채 댓돌에 서서 창호지가 펄럭거리는 문짝 고리를 힘껏 잡아당겼다. 팔을 있는 대로 뻗어 고구마 접시를 디밀어놓고 재빨리 뒤돌아섰다. 오랫동안 앓아누워 계실 때라 쟁쟁한 햇발에 가린 할머니의 방은 너무 어두컴컴해서였다.

그날 밤에 할머니가 돌아가셨다. 산안개가 내려앉아 아직 자리를 털지 못하고 있는 새벽에 엄마의 다급한 목소리와 잰 발걸음에 잠 많은 나조차도 눈을 비볐다.

아침이 되자 할머니 방안 한 귀퉁이에서 툭 떨어져 있는 고구마 한 개를 발견했다. 파리하게 식은 고구마를 본 순간, 누가 봤을까 봐 심장이 철렁 내려앉았다.

할머니는 접시에서 떨어진 고구마를 못 본 것일까. 아니면 손이 닿지 않아 드시지 못한 걸까. 혹시 체해서 돌아가신 것은 아닐는지 가슴은 마구 방망이질해댔다. 내가 잘못 드린 고구마로 인해 할머니가 세상을 떠나신 게 아닐까 하는 죄책감에 열 살 소녀의 속앓이는 오랫동안 계속되었다.

알록달록 고운 꽃상여가 나가고 신주를 모셔놓은 다음 날부터 학교에서 배급되던 급식 빵을 매일 할머니께 올렸다. 볼록하게 솟은 산봉우리처럼 봉긋한 빵은 말랑말랑했다. 반드르르한 갈색 껍데기는 또 얼마나 바삭거리며 고소했던지. 노르스름한 속살을 하나씩 뜯어내면 부드러운 결은 경이가 되어 사르르 입안에서 녹았다. 학교에 다녀온 날에는 어김없이 하루 전의 빵을 치웠다. 교실 창 쪽에 줄을 서서 분단장이 나누어주는 새 빵을 받아 바꾸어놓았다. 매캐한 향내 속에서 나무 위패는 여전히 나를 짓누르고 있었다.

제상을 치울 때까지 꼬박 일 년 동안 나의 맛있는 빵은 할머니에게 다 바쳤다. 나름대로 정한 속죄의 날이 도래하자 고소한 풍미가 코끝을 맴도는 빵 한 쪽을 드디어 입에 넣어보았다. 속살이 입안에 닿는 순간 아련하고도 달달한 단내에 침샘이 흥건히 차올랐다. 고인 침에 사래가 들면서 뭔지 모를 상실감에 울컥 목이 메어왔다. 가뭇없이 떠난 할머니가 보고 싶다는 것을 그때 알았다. 망아지마냥 뛰어다니던 내가 누워계시던 할머니께 눈을 맞춘 적도, 말을 건네며 손 한번 잡아주지 못했던 불손한 손녀였음을 깨달았기 때문이었다. 뒤늦게 마주하게 된 죄스러움을 귀한 빵인들 대신할 수 있었겠는가.

영화 <이보다 더 좋을 순 없다>에서 잭 니콜슨이 연기한 유달이란 인물은 괴팍한 성정에 강박성 인격 장애를 가지고 있다. 그는 길을 걸을 때도 보도블록의 금을 밟지 않으려 지그재그 걸음을 한다. 그런 그가 매끼 식사를 하는 레스토랑의 직원인 싱글맘 캐롤을 만나게 되면서 인간애를 느끼게 된다. 어느 날 유달은 식당에 캐롤이 나오지 않자 하루종일 쫄쫄 굶었다며 그녀 집으로 찾아갔다. 열이 펄펄 끓는 아들에게 얼음팩을 대고 있는 캐롤과 맞닥뜨린다. 천식을 앓고 있는 캐롤의 아들에게 전문의사를 전담해주고 치료비까지 지불하며 식당에 나와 줄 것을 요구한다.

유달은 정신장애의 약을 싫어하는데 그 약을 먹기 시작했다며, "당신은 나를 더 좋은 사람이 되고 싶게 만들어요."라는 명대사를 탄생시킨다. 밤을 뒤척이다가 결국 그녀의 집 벨을 누른다. 캐롤은 새벽 네 시에 용건이 뭐냐고 묻는다. 유달은 머뭇거리며 "빵집이 곧 문을 열어요. 따듯한 빵 좋아하잖아요."라며 하얀 치아를 드러낸다. 어스름한 새벽에 유달은 지금까지 피해 다녔던 보도블록의 선을 마구 밟고서 불빛이 환한 빵집으로 캐롤과 함께 문을 연다. 서로 마주보며 따듯한 빵을 고르는 장면이 이 영화의 엔딩씬이다. 새벽녘의 빵이 저물어가고 있는 삶의 횡단 길에서 청사초롱의 불이 되어 깜박거리고 있었다.

'달콤 제빵소'의 문을 열었다. 빵의 천국이 따로 없다. 홍수처럼 넘쳐나는 아침의 빵이 진열장에서 각색의 치장을 하고 손님 맞을 준비를 하고 있다. 세 살배기 아기가 먹을 크로아상 한쪽을 담아본다. 어릴 적 할머니의 제상에 오직 한 가지의 빵만 올렸던 내가, 지금은 할미가 되어 손녀에게 먹일 눈꽃 같은 빵을 고르는 중이다. 샛별 같은 아가의 입안에서 쌀알처럼 뽀얀 젖니가 오물오물거릴 때, 한쪽 손에는 금세 넣어줄 빵조각을 쥔 채 무릎을 구부리고 있다. 할머니도 하루에 수십 번이나 진달래 꽃잎이라도 따서 내 입속에 넣어주고 싶었을 것을.

열 살 남짓한 어린 소녀의 회개 속에 갇혀있던 그때의 빵은 어두운 잿빛이었다. 할머니가 돌아가셨던 그 새벽의 자욱했던 산안개를 걷어내고 이제는 윤색으로 구워낸 말간 아침을 맞이할 수 있을까. 낡은 잠을 떨쳐내고 반들반들 윤기를 머금은 새벽녘 갓밝이처럼 이제 그 빵에다 내 삶의 광채를 입혀도 될까.

휘묻이

 현란한 야광색의 별이 머리 위를 휙휙 떠다닌다. 소리 지르는 함성에 따라 빛의 속도가 빨라지고 있다. 관객들이 펄쩍펄쩍 자리에서 뛰기라도 하면 도깨비불이 여기저기에서 출몰하듯 날아다닌다. 응원봉의 색상은 출연하는 가수를 상징하는 지정색이 있어 팬클럽마다 다르다. 공연장을 꽉 메운 관중들은 형형색색의 굿즈를 가슴에 붙이고, 손에 쥐고 머리에 쓴 채 자신이 좋아하는 가수에게 열광하고 있다.

 주연급의 인기가수들이 빚어놓은 것 같은 포즈로 열창을 하고 관중들에게 공손히 인사를 한 뒤 환호를 받으며 무대를 내려갔다. 후반부 순서도 거의 끝날 무렵 사람들이 하나둘씩 자리에서 일어날 때였을까. 화려하고 요란한 축포 소리와 함께 귀에 익숙한 유명가수의 노래가 울려 퍼지는 게 아닌가. 음이 활주로를 찾은 양 흥겨운 리듬으로 달려오고 있었다. 몽환적인 파란빛의 오로라가 한 바퀴 휩쓸고 간 광풍처럼 블루재킷을 입은 가수는 무대를 한바탕 휘저었다. 그 노래는 세계를 떠들썩하게 한 명료한 리듬라인과 말춤이라는 셔플댄스를 유행시킨 한류를 대표하는 곡이다. 노래를 끝낸 이는 원조가 아니라 모창가수였다.

불현듯 식물의 인공번식법 생각이 났다. 씨를 뿌리는 종자 번식, 구근을 심는 번식, 삽수를 채취하여 꽂는 꺾꽂이 등이다. 그중에서 모체와 분리하지 않고 줄기 하나를 휘어서 흙에 심는 방법이 있다. 가지의 끝을 자르지 않고 그대로 휘어지게 해서 묻는 휘묻이 방식이다. 묻힌 가지에서 뿌리가 나오면 모체의 뿌리와 흙 속에서 나란히 만나게 된다. 이때 뿌리내릴 부위에 칼집으로 상처를 내면 유조직 세포가 증가하므로 발근이 수월한 편이다. 또 영양 손실을 줄이기 위해서는 잎을 떼어주어야 한다. 줄기 부분이 빛에 너무 노출되어도 뿌리내림이 더디게 되므로 반양지의 환경을 만들어주는 세심함도 챙긴다. 상처의 자국과 흔들림 없이 피는 화초가 어디 있으랴.

몬스테라, 호야, 천사의 눈물이라 부르는 물방울 풀, 달개비나 재스민, 장미 등 주로 가지에 굴성이 있는 나긋나긋한 줄기가 잘 묻힌다. 딱딱한 식물의 줄기를 무리해서 묻으려 하면 줄기가 뚝 부러지기도 한다. 그럴 때면 꺾꽂이나 접목으로 돌리는 것이 수월하다. 삽목보다는 휘어서 땅에 묻는 휘묻이가 활착이나 발근 성공률이 훨씬 높은 편이다. 모체와 연결이 되어 지속적으로 수분과 양분 이동이 원활할 뿐더러, 줄기를 드리우면 좀 더 빨리 새순을 보게 되어 식물을 키우는 재미가 쏠쏠한 편이다. 사람도 마찬가지가 아닐까. 때에 따라 휘어지기도 할 수 있는 사람이 온유한 인성으로 삶을 좀 더 여유롭게 품을 수 있지 않을까 싶다.

 광란을 몰고 온 노래 한 곡으로 모창 가수는 벌써 온몸이 땀범벅이다. 새까맣고 동그란 선글라스에 소매를 잘라버린 민소매의 하얀 셔츠, 바지 벨트 안으로 집어넣은 와이셔츠 단추를 헤집고 삐져나온 뱃살까지 원조 가수와 똑같다. 가창력 또한 진짜 가수라고 보아도 손색이 없는 실력이다. 그는 모 방송 예능프로에서 모창 가수 왕중왕 대결을 위하여 절치부심으로 혹독하게 원조가수의 모든 면을 똑같이 보이기 위해 자신을 갈고 닦았다. 손짓 발짓의 디테일까지도 놓치지 않아 보는 이들의 감탄을 자아내게 한 이력이 있는 가수다. 모체와 키를 나란히 한 채 그가 서 있는 세상에서 무한 반복될 아름다운 변주, 그 꿈을 옹골지게 키워가기를 응원하고 싶다.

 나에게도 진짜의 나와 또 다른 내가 있다. 진짜의 나는 늘 흐린 안개 속에 홀로 갇혀있는 것처럼 정신이 아득할 때가 많았다. 어린 시절 갑자기 덮쳤던 격랑의 무게 때문이었을까. 수호신 같았던 큰오빠가 떠나고 의지할 곳 없는 상실감에 말을 잃었다. 혼자 구석진 곳에서 인형그리기에만 파묻혀 지냈다. 여중을 다닐 때쯤 그런 내게 불쏘시개처럼 타닥타닥 소리를 내며 가짜의 얼굴이 고개를 내밀었다. 어느 날부터 말이 없던 내가 수업시간에 번쩍 손을 들었다. 전교생이

모인 곳에서 마이크를 쥐고 행사 진행을 맡기도 했다. 체육대회가 열린 공설운동장에서는 스탠드 앞에서 카드섹션과 삼삼칠 박수를 치는 응원단장까지 되어 있었다. 그해 성적표의 가정통신란에는 외향적이며 적극적인 리드쉽 경향이 짙다고 학교생활을 아주 잘한다는 평이 써져 있었다. 뒤돌아서면 여전히 침잠으로 빠져드는 나로서는 이해할 수 없는 평가였다.

진짜인 나의 모체에서는 밝은 성향의 본성을 간직하고 있었을까. 듬뿍 받았던 큰오빠의 사랑이 자양분으로 남아있었던 것인가. 크나큰 상실을 겪은 후에도 미루고 외면했던 설움의 뒤에서도 그 사랑은 몸속에 불씨로 남아 나를 밝혀주려 했을까. 호주머니 안에서 늘 꼼지락대던 그리움을 손끝에서 놓지 못하듯이 오랫동안 지녔던 우울이라는 속성을 단 한순간에 떨쳐버릴 수는 없으리라. 습관처럼 몸에 달라붙어 있던 뇌의 지배를 넋 놓고 수용하지는 않겠다고 바특하게 나를 끌어올리는 연습을 한다. 가슴속에 응집된 모서리의 실체를 한 가닥씩 각질 벗기듯 풀어나가는 그 얼굴이 진짜의 나였음을 이제는 알아차린 듯하다.

'행복의 정복'이라는 저서에서는 자신의 행복이 충만해야 남에게 베풀 수 있는 자원이 생긴다고 했다. 멀리 무대에서 눈바래기를 하는 진짜 가수인 그가 목청껏 외치고 있다. '죽어도 상관없는 지금이야' 한겨울에도 돌고 도는 피의 온도처럼 여전히 그는 열정적이다. 내

몸도 어느새 뜨거워지고 있다. 모체의 곁에서 튼실하게 뿌리를 내리는 휘묻이 화초처럼, 원조 가수를 향한 입지를 단단하게 여미는 모창 가수처럼, 나의 가짜 외향성은 어느덧 본성을 향해 달려가고 있는 것일까. 내 삶을 리셋하는 길이라면 걸음은 더 빨라져야 하리라.

내가 유자라면

초겨울 밤바람이 맵싸하게 달려든다. 고속버스가 도착하려면 아직 한 시간이나 남았다. 터미널 주변에 차를 세우고 하릴없이 시간을 보내고 있다.

친정오빠는 이튿날 아침 종합병원에서 암검사를 받기 위해 늦은 밤 거제도에서 올라오는 중이다. 버스가 도착하자 자신이 환자인 것도 잊었는지 하얀 스치로폼 박스를 번쩍 치켜들어 보이며 뒷자리에 싣는다. 거제도 유자는 유난히 상큼한 향이 강하고 샛노란 색깔이 햇살같이 예쁘다. 온화한 기후지만 몇 번의 서리와 바닷바람을 이겨낸 과실은 과피가 두껍고 유포가 많아 탱글탱글하다. 사등면 유자밭의 유자는 약을 치지 않아 울퉁불퉁하면서도 탐스런 황금빛을 지녀 천연 감기약이라고 부른다.

십일월이 되면 오빠는 지인의 농장에서 김장할 때 쓰는 고무함지박을 바닥에 놓고 넘치도록 유자를 따서 담는다. 몇 날 며칠 두 내외가 신문지 깔고 앉아서 어깨가 내려앉도록 유자를 총총 썰어 청을 만드는 일이 연례행사다. 겨울 내내 누이들과 딸자식들이 감기 들지 말라고 예방치료약을 여기저기 택배로 보내왔다. 올해는 병원 오는 길에 긴 시간 동안 고속버스를 타고 내게 직접 전달해 주었다.

오빠는 몇 주 전부터 음식을 잘 먹지 못해 몸무게가 쑥쑥 줄어들었다. 지방의 병원에서 서울 종합병원으로 조직검사 의뢰를 해준 상태다. 우리집에 며칠 머물면서 진료 날짜에 맞춰 검진을 하고, 다음 예약일이 길어져 잠시 거제도로 내려간 터였다. 해거리를 하는 유자나무는 올해 따라 유독 가지가 처지도록 다닥다닥 열렸다고 한다. 그 병중에 유자를 따고 씻어 말려서 방 안 한가득 쌓아놓고 바닥에 앉아, 유자를 썰고 또 썰어 스무여 개의 병에다 차곡차곡 쟁였다. 올해는 힘이 부쳐 못다 썰고 남겼다고 했다.

조홍시가
소반 위 일찍 익은 붉은 감 곱기도 하다
유자가 아니라도 품고 갈 만하지만
품고 가도 반길 사람 없으니
그것으로 인하여 서럽구나

박인로의 시조 '조홍시가'를 현대어로 풀이한 글이다. 효심을 노래한 시조다. 여기에 '유자가 아니라도'라는 구절이 있다. 노계 박인로가 경상도 도체찰사로 갈 때 한음 이덕형이 접대로 내어놓은 홍시 감을 보고 돌아가신 어머니와 육적회귤의 고사가 떠올라 이 시조를 지었다. 육적은 중국 삼국시대 오나라 왕의 참모를 지낸 사람인데 6살 때 당시 최강의 군벌이었던 원술을 만났다. 원술이 육적에게 먹으라고 귤을 주었다. 먹는 시늉만 하다 원술이 자리를 비운 사이 귤 세 개를 품속에 감추었다. 돌아갈 때가 되어 원술에게 인사를 올리자 품에 있던 귤이 데구르르 굴렀다. "육랑은 손님으로 와서 어찌하여 귤을 품에 넣었는가" 연유를 물으니 집에 가서 어머니께 드리려 했다는 어린 육적의 효심에 원술이 감동했다는 내용이다. 이 고사에서 유래하여 육적회귤은 부모에 대한 지극한 효심을 비유하는 글로 쓰이고 있다.

 오빠는 아들 셋 중에 막내이다. 큰아들 둘을 잃은 엄마에게는 금쪽 같은 자식이었다. 하나 남은 아들이 어찌 될까 봐 엄마는 얼마나 벌벌 떨었을까. 애지중지 귀하게 사랑받은 자식이 잘 되는 일 별로 없다는 옛말이 있다. 오빠는 젊은 날 사업이 번창하는 바람에 기고만장하여 주위의 시선도 아랑곳없이 허세를 부리며 살았다. 자연히 경제 관리에 소홀했고 남의 말을 잘 듣지 않아 사업체가 기울어 부채를 떠안게 되었다. 집안에서는 큰소리가 끊이지 않았고 급기야 이혼까지 하는 사태를 맞이했다. 엄마는 손녀 둘을 도시락 싸 줘가며 몇 년을 학교에 보내고 돌보면서 집까지 팔아 턱도 안 되는 오빠 빚이라도 보태 주었다.

 오빠 내외가 만든 유자청은 흥건한 설탕물에 유자 몇 쪽 둥둥 떠다니는 시중의 상품과는 모양새부터가 다르다. 두꺼운 껍데기를 잘게 채 썬 샛노란 유자가 병 속을 빈틈없이 채우고 있다. 노오란 껍질 표면에 거뭇거뭇한 주근깨가 좁쌀처럼 총총하게 달라붙어 있어도 그조차 정겹다. 유자차는 끓는 물을 잔에다 부어 우려먹는 것보다 유자에 물을 넣고 같이 끓여서 마시는 것이 훨씬 상큼한 맛이 깊다. 숟가락으로 유자 껍데기를 건져내어 씹으면 쫀득하고도 달큰한 단맛이 입안에 가득 차 기분까지 달콤해진다.

 된서리를 맞고서야 뒤돌아보는 삶이라 했던가. 자신의 몸 상태를 느끼고 나서 병이 나으면 이제부터라도 잘살아보겠다고 한다. 불효했던 어머니에게 늦은 속죄라도 하려는 것일까. 비록 귤이나 유자가 아니라도 품에 안고 갈 만하지만, 가도 반겨 줄 이가 없으면 그것이 서러운 일이라 했다. 육적이 귤 세 개를 어머니에게 주려 품에 감췄듯이 저 세상에 계신 엄마 대신 피붙이에게 유자청이라도 만들어 주려는 것일까. 살만하면 탈이 난다더니 세상 이치가 틀린 것이 하나도 없다. 늦게 만난 올케와 따뜻한 남쪽 바닷가에 장만한 볕 잘 드는 집에서 이제 도란도란 살 날만 남았건만 지난한 몸부림의 흔적들도 아스라하게 흘러간 시간도 오빠의 무연한 표정 속에 묻어있다.

 이번 겨울이 퍼르퍼르 흩날리는 진눈깨비 마냥 잠시 어깨만 스치듯이 지나간다면 얼마나 좋을까. 유자차를 다 마셔갈 즈음이면 봄은 슬금슬금 오고 있을 테지. 내가 유자라면 '내년에도 그 다음 해에도 나는 계속 유자청이 되어 고속버스 타고 여행 가고 싶어요' 그렇게 말해주고 싶다.

초 분

　섬돌 위에 가지런히 놓인 하얀 고무신 한 켤레의 정갈함이 저러할까. 정교하게 쌓은 돌담이 각을 맞춘 듯 매끄럽다. 길옆으로 반듯하게 줄을 선 다랭이밭에서 청보리가 넘실거린다. 속살거리는 바람을 맞아 노란 유채꽃과 선홍빛 양귀비꽃이 지천을 이루고 있다. 현을 위한 세레나데처럼 천국과 같은 꽃밭이다.

　전남 완도군에서 배를 타고 한 시간 남짓 바다를 거슬러 가면 '슬로우 시티'로 선정된 '청산도'가 나온다. 먼지 한 점 없는 청정지역이다. 이곳에서 채취한 신선한 전복의 맛을 보고 바다를 내려다보며 느림의 삶을 걸어보는 한적하기 짝이 없는 섬이다. 화랑포의 땅 끝 길을 돌아 2코스로 접어드는 사랑길 초입에는 초분 체험장이 있다. 관에다 풀이나 짚으로 덮어 놓아 붙여진 이름을 초분이라 한다. 여러 섬 지역에서 행해왔던 오랜 장례 풍습이다.

　이 섬에서는 사람이 죽으면 시신을 바로 땅에 묻지 않고 짚이나 풀로 엮은 이엉으로 덮어 두었다가 이삼 년 후에 묘를 쓴다. 일종의 이

중장(二重葬)이다. 땅바닥에 크고 작은 돌을 평평하게 깔아 덕대를 만들고 굵은 새끼줄이나 밧줄을 깔아 놓는다. 그런 다음 멍석으로 관을 감싸 올려놓고 미리 펴 놓은 새끼줄을 당겨 단단히 묶어야 한다. 그 후에 병충해를 막아줄 솔가지를 올린다. 짚으로 엮은 이엉을 초가지붕 엮듯이 몇 겹을 두르고 비바람을 피하기 위해 마지막에는 용마름을 올리는 것이 마무리 단계이다. 그 위로 큰 돌을 매달아 아래서 촘촘히 묶어 주면 초분의 절차가 끝난다.

해마다 당리마을의 전통장례인 초분을 재현하는 것은 사라져가는 풍습을 보존하기 위해서가 아닐까. 섬사람들의 오랜 관습과 정취를 이어가기 위해 길 곳곳마다 초분이 눈에 띄는 것이리라. 육신이 썩을 때는 신성한 땅을 더럽힌다는 생각을 했다고 한다. 아울러 뼈에는 영혼이 깃들어 있어 지상에서 탈육시켜 하얗고 깨끗한 뼈만을 땅속에 안치하는 것이 옳다고 믿었기 때문이다. 운명하자마자 바로 땅속에 묻는 것은 박정하다고 여겨 효를 다하지 못함이라 여기기도 했다.

상주가 고기잡이 나간 사이 상을 당했을 때, 상주 없는 장례를 치를 수 없다는 데서 유래한 풍습이 아니었을까. 그 외에 여러 가지 민간 신앙에 의한 전통이었을 것으로 풀이하고 있다. 그중에서 나는 섬사람들이 가족을 조금이라도 곁에 두려는 데서 비롯되지 않았을까 생각한다. 그렇기에 두 번씩이나 장례를 치러야 하는 초분을 힘들게 만들어 놓고 수시로 드나들며 짚이 낡으면 다시 이어주고 새로운 솔가지를 꽂아놓고 돌아가지 않았던가. 푸른 바다가 내려다보이는 한적한 산길에 누구인지도 모르는 빛이 바래고 낡은 초분이 내 발길을 잡았다.

오래전 돌아가신 어머니가 떠올랐다. 붙잡을 새도 없이 황급히 떠나셨기에 묘지나 납골당조차 마련하지 못했다. 그리워도 찾아갈 곳이 없었다. 어머니는 입버릇처럼 '내가 죽거든 땅에 묻지 말고 새들에게 모이로 주라'고 했다. 작은아버지가 조장(鳥葬)을 해 그 영향이 컸을까. 작은 집은 아들을 넷이나 두었는데 모두 국가 공무원이 되었다. 자식을 잘 키웠다고 밀양 군수로부터 장한 아버지상을 받은 집안이었다. 탄탄한 아들 넷을 둔 작은아버지도 남김없이 훌훌 떠났는데, 하물며 어머니에게는 여물지 못한 자식들이 모두 외지에서 팍팍하게 살고 있을 때였다. 먼 길을 오가는 부담을 덜고자 하셨을 것이 자명하다.

자식을 아끼는 마음이 끔찍하다는 것은 온 동네가 알고 있었다. 어머니가 비닐하우스에서 깻잎 따는 일을 하시다 넘어진 적이 있었다. 머리를 다쳐 입원까지 했으나 자식들만 몰랐다. 알리기는커녕 저녁 시간에 자식들 전화를 받기 위해 링거병을 매달고 집에 와 있다가 밤늦게 다시 병원으로 갔다고 이웃 사람이 귀띔을 해주었다. 그 소식을 듣고 자식을 불효자로 만든다며 큰소리만 낼 줄 알았던 천하의 못난이들이었다. 적잖은 속을 썩였던 오빠는 장남의 마지막 효도랍시고

청개구리처럼 어머니의 뜻을 그대로 실천하였다. 장례식장 뒷산에 몇 줌도 안 되는 어머니를 대나무 숲속에 두고 나왔다. 푸드득 새떼들이 한 바퀴 돌고 간 후 숲은 아무 일도 없었다는 듯이 고요했다. 태산같이 크신 어머니를 떠다 보내는 건 한순간이었다.

 이제 손자를 둔 나이가 되어보니 일흔이 넘은 어머니의 뜻을 조금이나마 알 것 같다. 아이들을 키우는 것이 우선이다 보면 과연 어머니를 모신 곳에 얼마나 찾아갔을까 싶다. 끊임없이 진화하는 세상살이의 모든 것들 중에 영원한 것이 무엇이 있겠는가. 태어나고 사라지기를 반복하고 잠시 모였다가 흩어지는 그 인간사 중에 남길 것이 있기나 할까. 죽음이 자연으로 가장 빠르게 돌아가는 새들의 숲에서 침묵했던 그때를 떠올리다가 다시 낡은 초분을 내려다보았다.

 조금이라도 가족을 가까이 두어 사람의 도리를 다하려 했던 섬사람들에게 두터운 정을 느낀다. 서울에서 꼬박 여섯 시간을 차로 달려와 또 배를 타서 도착한 곳. 떠나보내는 것도 느리게 흘러가는 청산도이다. 양귀비 꽃잎이 바람에 툭 떨어져 발아래서 붉은 평장을 이룬다. 황톳길 옆으로 늘어선 청보리 싹처럼 새파랗게 짙어가는 어머니는 저 초분처럼 내 가슴에서 이중장을 치른다.

땅콩

 한 쌍의 연인이 헤어지기 싫어 꼭 껴안고 있다. 좁은 캡슐 안에는 단 0.1mm의 틈도 허용하지 않는다. 손가락으로 비집어 둘 사이를 갈라놓았다. 토실토실 알진 두 알맹이가 냉큼 손바닥에 올랐다. 보송보송한 연분홍빛 살결이 여인의 속곳인양 부끄러운지 배시시 고개를 든다. 동글동글한 호리병처럼 생긴 꼬투리를 '톡' 소리 나게 까보면, 뽀얀 살결을 가진 땅콩 두 알이 곰틀곰틀 비좁은 듯 몸을 뒤튼다.

 봄에 파종부터 가을에 수확하기까지 6개월 정도 땅속에 묻혀 있다가 세상 밖으로 나온 햇땅콩의 등장모습이다. 밀양 친정언니 집에서 며칠 머물고 올 때 밑반찬과 함께 가져왔다. 올해는 유난히 알이 굵고 야무진 데다 쭉정이도 섞여 있지 않아 버릴 것이 없다. 아직 흙을 채 털어내지도 않은 햇땅콩을 두 봉지로 나누었다. 절반은 껍데기를 까서 알맹이만 냉동실에 보관했다. 겨울에 간장으로 조림을 할 생각이다. 나머지는 푹 잠기도록 물을 붓고 소금을 한 꼬집 넣어 팔팔 삶아 건졌다. 버선코 모양의 땅콩 꼭지를 콕 눌러 한 알을 끄집어낸다.

입안에 넣으면 고소하고 보들거리는 감촉이 혀끝에 닿는다. 어릴 때 가을이면 어김없이 찾던 삶은 땅콩의 그 맛이다.

　어린 시절 과수원에 살 때였다. 사과나무와 강가 모래밭의 경계에 탱자나무 울타리를 길게 치고 그 아래로 땅콩을 빙 둘러 심었다. 따듯한 봄날이 오면 오빠와 엄마가 호미로 야트막한 둔덕을 만들었다. 모래를 섞은 황토로 두둑을 높이 올려 고르게 다져주었다. 물 빠짐이 좋게 해주어야 비가와도 썩지 않고 잘 자란다고 했다. 습기를 싫어해서 건조한 사양토질에서 잘 자라는데 강가의 모래밭이 턱 밑이니 안성맞춤이었으리라. 땅콩은 감자를 재배할 때처럼 씨눈을 틔워 심는다. 하얀 줄무늬 같은 씨눈이 실한 놈들만 골라 잘 다독거린 흙속에 한 뼘 정도의 간격으로 파묻는다. 오빠가 흙 구멍을 만들어주면 나는 한 개씩 콕콕 집어넣는 그 재미에 아예 밭고랑을 깔고 철퍼덕 앉아버렸다. 여름이면 줄기에서 잎이 나오는데 꼭 아카시아처럼 동글동글하다. 그즈음에 노랑과 주홍빛을 섞은 나비모양의 꽃이 피기 시작하면서 잎겨드랑이에 바짝 숨어있는 것이 앙증맞다.

　단지 땅콩 한 알 흙 속에 묻었는데 함초롬한 꽃까지 피워내어 한 포기의 화초 같다. 땅콩은 흙 속에 심은 종자에서 뿌리를 내리는 것이 아니라 줄기의 잎 마디에 핀 꽃에서 씨방자루가 자라 그 끝부분에 열매가 달린다. 다른 작물에 비해 독특한 현상이다. 줄기가 뻗어 무성할 때 이랑에 눕혀 흙으로 두둑을 높여주는 작업을 한 번 더 해주어야 한다. 하지 않아도 무방하지만 씨방의 꼬리 부분이 땅속으로 잘 파고 들어가게 도와주는 것이다. 그래야 호리병모양의 꼬투리를 만든 다음, 그 안에서 실한 땅콩의 과육을 키우기 때문이다. 봄에 심어 거의 6개월간 꼬박 등숙 과정을 거쳐 초가을쯤 걷어 들이는 이 과정을 보면 결코 심심풀이 땅콩이라 할 수 없는 부분이다. 수확할 때는 신이 났다. 줄기를 한 움큼 쥐고 힘껏 뽑으면 두두둑 흙을 가로질러 하얀 무더기가 뿌리 째 딸려 나온다. 세상 밖으로 나오는 땅콩 무리는 마치 만선에 펄떡이는 멸치 떼처럼 공중에서 파닥거렸다.

햇땅콩은 가을 소풍 때 빠지지 않는 최고의 간식거리였다. 엄마는 넉넉히 삶아서 선생님께 드릴 것은 따로 봉지에 담아주었다. 돗자리에 친구들과 둘러앉아 까먹는 재미에 소풍은 늘 신이 났다. 나는 물기가 가시지 않은 땅콩의 야들야들한 속껍질이 떫은 풋 맛을 가장 좋아했다. 땅에서 갓 캐낸 땅콩은 주로 삶아서 먹고 나머지는 몇날 며칠을 마당에 널어놓고 뒤적거리며 볕에 말렸다. 갈무리를 잘한 땅콩은 큰 자루에 두둑이 담아 대청마루 벽에 세워 두고 내내 볶아먹고 밥 지을 때도 섞었던 겨울양식이었다.

결혼을 하고 서울에 이사를 왔어도 엄마는 가을철이 되면 잊지 않고 땅콩을 소포로 부쳐주셨다. 그 참에 서울에서 자란 이웃들은 삶아서 나누어 준 햇땅콩 맛을 보게 되었다. 처음 먹어본다며 촉촉한 속껍데기까지 손톱으로 벗기려 했다. 땅콩은 거의 경상도 지방이 산지

여서 습기에 약해 짧은 기간 동안 멀리 유통이 되지 못한다. 서울 사람들이 삶아서 먹어보는 땅콩 맛을 알 리가 없었다. 대보름날 먹는 부럼이나 껍질을 까서 잘 말린 생땅콩으로 조림반찬을 해 먹는 것이 대부분이었다.

  맥주안주로 즐겨 먹기도 하는 볶은 땅콩의 고소한 맛까지는 흔한 일이다. 신기해하는 이웃에게 삶은 땅콩의 속껍질은 보드랍고 영양이 가득하다며 벗겨내지 말고 먹으라고 했다. 삶은 땅콩을 유독 좋아하는 막내딸에게 어머니는 이십여 년을 한결같이 먼 서울까지 보내주셨다. 소포를 보내고는 전화를 걸어 부부는 다투어도 떨어져 있지 말고 땅콩 두 알처럼 꼭 붙어 지내야 한다고 늘 당부를 하셨다. 또 서울 생활을 하려면 땅콩처럼 단단해져야 한다는 말로 통화를 마무리 할 때가 많았다.

  빈 쭉정이처럼 부실한 딸이 매번 뜨끔해지는 죽비 같은 소리였다. 엄마가 돌아가시고 열 살 위인 친정언니가 이어서 해마다 흙 묻은 땅콩을 한 봉지씩 보내준다. 내리사랑이라고 고향의 맛을 쉬이 잊을 일은 없을 것 같다. 고소한 땅콩 두 알을 입에 담아본다. 가을 소식과 더불어 엄마의 당부도 함께 따라온다. 단단하게 살라 하던 엄마의 말씀처럼 마음 한구석이라도 땅콩처럼 야무질 날이 오기나 할까.

유월의 무대

　지난 유월 중순 밀양에 내려갔다. 내가 태어나 자라고 여고까지 다녔던 곳이다. 일 년에 두어 번 찾아 내려가는 편이지만 십여 년 전에 엄마가 세상을 뜨시고 더욱 발길이 뜸했다. 다행히 언니가 살고 있어 명절 때나 한 번씩 가곤 했는데 이번에는 형부 기일에 맞춰 조카와 함께 내려갔다. 제상에 올릴 몇 가지 생선과 전을 부쳐놓은 후, 언니와 함께 상설시장에 들러 맞춰놓은 인절미를 찾고 신선해 보이는 과일을 골고루 샀다.
　이 시장 안에서 엄마는 오랫동안 좌판을 깔고 고춧가루, 질금, 간수 등 여러 곡물을 놓고 팔았다. 지금은 마트와 음식점들이 생겨 깔끔하게 정리된 길이 생겨 난전의 흔적은 어디에도 없다. 학교 다녀오는 길이면 교복을 입은 채로 좁은 좌판 앞에 엄마와 바짝 붙어 앉아 고구마 순을 까고 말린 고추 꼭지도 땄다. 눈이 맵다고 못하게 해도 재미있다며 한사코 손을 놀렸던 기억이 난다. 겨울에는 조그만 화덕의 연탄불에 손을 쬐고 앉아 있으면 옆 좌판 아주머니가 파는 미역국을 엄마가 사다주셨다. 동글동글 떠 있는 하얀 새알을 다 건져 먹고 국 한 사발을 후후 들이키면 배가 불뚝 일어나곤 했다.

　엄마가 좌판을 걷어야 할 사정이 생겼을 무렵 언니는 그 옆에 조그만 식당을 인수받았다. 엄마의 손끝을 닮아 음식 맛이 좋아서 단골손님들이 금방 늘어났다. 언니는 손이 크고 신선한 재료를 아끼지 않아 만드는 음식마다 깊은 맛이 난다. 특히 추어탕이 으뜸이다. 밀양에는 크고 통통한 미꾸라지가 많이 잡힌다. 삶아서 체에 거른 미꾸라지를 듬뿍 넣고 어리고 새파란 얼갈이배추로 말갛게 끓여내면 부드러운 보양식으로는 으뜸이다.

　양념장에는 조선장에 매운 고추 다진 것과 마늘 다진 것을 섞는다. 그리고 마지막에 추어의 비린 맛과 흙 맛을 잡아주는 계핏가루를 넣어 먹으면 칼칼한 맛이 일품이라 한 그릇씩 후딱 비우는 것이 예사였다. 어릴 적에 엄마가 수시로 끓여 상에 올렸지만 나는 그때 추어탕을 먹지 못했다. 엄마가 마당 수돗가에서 꺼칠꺼칠한 호박잎 두어 장을 뚝뚝 따와, 대야 안에서 펄떡이는 미꾸라지를 허연 거품이 일도록 사정없이 벅벅 문지르는 것을 보았기 때문이다. 비위가 약해서 안 먹는 것도 많았던 내게 몸에 좋은 것이니 국물이라도 한술 먹어보라고 숟가락을 입에 갖다 대었다. 그게 뭐라고 그리 입을 앙 다물고 밀쳐냈는지 모르겠다.

　지금 엄마가 살아 돌아와 먹여주신다면 열 그릇이라도 훌훌 들이

킬 수 있을 텐데 그땐 왜 그랬을까 후회가 될 뿐이다. 언니는 일하는 사람도 두지 않고 혼자 식당일을 해내느라 밤낮으로 서서 일을 했다. 시골식당이라고 해봐야 장날만 조금 붐빌 뿐 음식 값은 저렴해서 고생한 만큼 돈도 벌지 못했다. 막걸리 한 병 상에 받아놓고 이것 주소 저것 주소 촌 노인네들 비위까지 맞춰야 했다. 백반집이라 가짓수가 많아 종일 야채를 다듬어 볶고 치대고 끓여야 했다. 어쩌다 밀양 가는 날에는 설거지라도 도왔지만 식당 일이라는 것이 끝이 없었다.

그러다 결국 몸에 무리가 와서 척추관 협착증으로 고생하다 신경 압박으로 점점 걸음을 못 걸을 지경이 되었다. 몇 년 전에 가게를 정리하고 몸에 금속을 이식하는 큰 수술을 했다. 지금은 많이 회복이 되었지만 그래도 바닥에는 앉지 못하고 항상 의자에 앉아 허리를 조심하고 있다. 언니는 딸네 사돈댁에서 농사짓는 딸기 출하 철에만 드문드문 바쁜 일손을 도와 겨울을 보내고 또 친구가 하는 쌈밥식당에 일주일에 두어 번씩 거들며 소일거리를 하고 있다.

두 조카가 어렸을 때는 내가 직장을 다니고 있을 때라 예쁜 옷도 사주고 자주 얼굴 보러 다녔다. 지금의 위양지를 그때는 위양 못이라고 했는데 소풍 갈 때 사진도 찍어주고 함께 놀아주기도 했다. 허연 코를 잔뜩 묻힌 친구들에게 우리 이모라며 내 옷깃을 잡고 자랑하던 조카가 아이 셋을 둔 엄마가 되었으니 그저 웃음이 난다. 하긴 나와 열 살 차이가 나는 언니가 꽃다운 스물둘에 결혼할 때 난 초등학생이었으니 그럴 만도 하다.

 장을 보고 저녁에 끓일 탕국과 나물거리만 남겨두고 가까운 부북면에 위치한 연꽃단지에 들렀다. 언니와 연꽃구경을 할까 손을 잡고 걸어갔지만 아직 때가 일러 겨우 봉긋하게 올라오기 시작하는 꽃봉오리 한두 송이 정도만 눈에 띄었다. 그 옆으로 옛 월산초등학교 폐교였던 밀양 연극촌이 있다. 떠들썩했던 미투 폭로사건으로 극단은 해체되고 폐촌이 되어 야외무대와 성벽극장 사이로 바람만이 관객인 듯 썰렁했다. 밀양시에서 큰 재정을 들여 연희단거리패에게 무료로 전용공간을 임대했던 곳이다. 이곳에서 많은 연극인들의 꿈과 혼을 쏟았던 무대가 사라졌다 생각하니 발길이 무거웠다.

 언니는 이곳에 처음 와 본다고 했다. 무신경하게 내뱉는 말투에서 지난 세월을 숨죽이며 살았던 회한이 전해왔다. 세상이 다 시끄러웠던 내 고장의 사건조차도 퍽퍽한 삶 속에 던져놓고 언니는 무심한 듯 흘러가는 섬처럼 보였다. 십수 년 전 나와 같이 우리들의 엄마를 잃고 부부간에 사이좋게 살라던 엄마의 당부가 귓전에 사라지기도 전에 느닷없이 형부가 세상을 등졌다. 아무 잘못도 없이 남편의 죽음이 자신의 탓인 양 언니의 작은 몸은 더 오그라들었고 표정을 잃은 고목처럼 버석거렸다.

 스산한 바람만이 가득한 연극촌이지만 야외무대 좌석에서 관중들의 박수소리가 어디선가 들려오는 것 같다. 언니의 아픔과 죄의식도 이제 지나간 세월 속으로 묻혀갔으면 좋겠다. 저 화려했던 시절의 연극무대처럼 언니의 삶에도 행복했던 공연 기억만 남길 수는 없을까. 남은 삶 속의 짧은 휴가지만 작고 여린 언니의 소소한 행복이 조그만 무대에서라도 노릇노릇해지기를.

3부

유빙

유빙

 아직 앳된 얼굴이다. 짙은 눈썹 위에 새까만 단발머리는 윤기가 반짝거린다. 새하얀 건치를 감싸고 있는 입술 사이로 함박웃음이 걸려 있다. 연초록의 라임향기가 금방이라도 몽글몽글 피어오를 것 같은 해사한 소녀의 모습이다. 하얀 교복 카라 속의 얼굴은 한 해가 지나고 두 해를 넘겨 이십 년이 지났어도 세월의 흔적 하나 없이 그대로다.

 긴 드림막이 눈에 띈 것은 잠실대교 남단을 지나 사거리에서 신호를 받고 차가 멈췄을 때다. '실종된 우리 ㅇㅇ희를 제발 좀 찾아주세요' 눈을 좁혀 자세히 본 프린트의 글귀에 내심 놀라왔다. 수십 년 전부터 동대문 방향의 교차로에서 항상 걸려있는 드림막을 보았기 때문이다. 오랜 세월동안 딸을 찾지 못한 부모의 심정에 마음이 몹시 아팠던 기억이 난다. 그 드림막을 몇 년 후에 한강 건너 대로변에서 다시 보게 되어 긴 세월에도 지칠 줄 모르는 부모의 일념에 고개가 숙여진다. 달라진 것이 있다면 소녀의 얼굴 옆에 이십여 년이 흐른 현재 모습을 예측하는 삼십 대 여자의 사진이 나란히 실려 있는 것이다.

　나와 성이 똑같은 소녀는 내가 사춘기 때부터 갖고파 했던 예쁜 이름까지 같아 사진을 볼 때마다 남다른 안타까움이 더했다. 소녀는 여고 2학년 재학 중에 야간자율 학습을 마치고 귀가하던 중에 집 앞에서 소식이 끊어졌다고 했다. 소녀의 아버지는 경찰의 수사만 기다릴 수가 없어 생업을 포기하고 아내를 차에 태운 채 딸을 보았다는 제보가 있을 때마다 전국 어느 곳이든 달려갔다. 점점 가세는 기울어 기초생활수급자가 되어 약간의 보조금과 후원금으로 전단지와 드림막을 제작하고 돈이 부족하면 급한 대로 막일을 하면서 생계를 이어가고 있다고 한다.

　큰 아이를 잃었을 때가 떠오른다. 네 살쯤이었다. 나는 그때 살림집을 겸한 건물상가에서 꽃꽂이와 등공예수강을 하고 있었다. 아이가 또래들과 놀이터에서 놀고 있으면 다른 엄마들이 번갈아 살펴주기도 했다. 하루는 미용실 주인이 지켜보는 날이었는데 눈을 놓쳐 내 아이만 감쪽같이 사라지고 없었다. 나는 슬리퍼가 벗겨진 줄도 모르고 아이 손을 잡고 종종 데려갔던 시장통을 거쳐 찻길까지 거의 미친 여자처럼 뛰어다녔다. 직장에 근무 중이던 남편, 시댁 식구들, 온 친지들이 총출동해 동네를 뒤졌다. 생목이 다 타들어가는 한나절이 지나고 있었을까. 파출소에서 아이를 찾았다는 연락이 왔다. 아이는 얼마나 울었던지 온 얼굴에 호랑이 무늬 얼룩이 번진 채 막대사탕을 물고 다방아가씨의 품에서 잠들어있었다. 그 자리에서 털썩 주저앉아 다리가 후들거려 일어서지 못했던 기억이 아직도 생생하다.

　단장지애라는 고사가 있다. 진나라의 장수 환온이 촉나라를 정벌하러 가는 길이었다. 군사를 실은 배가 강어귀에 정박해 있을 때였다. 숲에서 나온 새끼원숭이에게 먹이를 주고 배에 태운 채 출발하는 순간 숲속에서 다른 원숭이가 튀어 나왔다. 원숭이는 배에 오르려 팔짝팔짝 뛰었지만 이미 닻을 올리고 육지와 점점 멀어졌다. 그 모습을 본 병사들은 어미원숭이임을 짐작하고 안타까워했다. 해가 질 무렵 강기슭에 닻을 내리자 그때 백 리를 쫓아 온 어미원숭이가 배 안으로 뛰어들었다. 새끼원숭이를 안자마자 풀썩 쓰러져버렸다. 우르르 몰려든 병사 중 하나가 어미의 배를 가르니 창자가 모두 끊어져 있었다. 단장지애는 자식을 잃어버린 슬픔은 창자가 끊어지는 고통과 같다는 말이다.

　오늘도 소녀의 아버지는 동이 트기도 전에 탑차를 몰고 집을 나왔다. 희붐한 새벽녘 종로거리에 차를 세웠다. 짐칸에는 '우리 ○○희를 찾아주세요' 라고 쓰여 있는 현수막 몇 개와 새로운 전단지 두 박스가 실려 있었다. 그는 전철역 난간에 걸려있던 낡은 것을 벗겨내고 새 현수막으로 갈아 끼우는 작업을 했다. 지속적으로 하는 일이라 설치하는 손놀림이 재빠르고 능숙하다. 도로 옆의 나무 위, 지하철 입구의 기둥, 위험하고 아슬아슬한 곳에도 거침없이 오르고 매달렸다.

　몇 년 전에는 높은 곳에서 떨어져 두 번의 허리수술과 뇌경색까지 겹쳤다고 한다. 딸을 찾기 위해 함께 전국을 오가던 아내는 몇 년을 길에서 고생하다 전단지를 품에 안고 스스로 생의 끈을 놓은 지 오래다. 이제 아내도 곁에 없는 고립무원의 처지에서 세상을 등진 채로 마음대로 죽지도 못하는 그의 하루는 길기만 하다. 알고 보니 여러 방송 채널에도 하소연했던 그는 "내가 언제까지 할 수 있을지 모르겠다, 죽어야 이 일을 멈출 것"이라며 한숨을 내쉬었다.

　자조하는 그의 얼굴에서 나는 왜 시퍼런 칼날을 세우고 녹지도 못해 둥둥 떠다니는 남극의 유빙이 떠올랐을까. 빙결된 해빙이 매서운 바람이나 물결에 밀려 연안과 섬에 정착하지 못하고, 물 위를 표류하는 얼음덩어리. 저위도에서는 겨울철에 극지방에서는 일 년 내내 유빙은 녹을 줄 모른다. 바다를 떠다니는 바람과 해류의 움직임으로 자주 균열이 생기면서 육지에 닿지도 못하고 떠다녀야 하는 운명이다. 이른 봄에도 녹지 못하는 소녀의 아버지는 언제까지 막새바람에 표류하는 유빙이어야 할까. 그의 허리에서 차가운 얼음이 피처럼 뚝뚝 떨어지는 소리가 들린다. 소설 <유빙이 녹기까지>의 작가는 '우리를 둘러싼 끝도 시작도 없는 원형의 트랙처럼 슬픔도 그렇다'고 했다. 종기처럼 상처가 곪은 사람들과 서로의 온기라도 당긴다면 빙하의 한쪽이나마 녹여낼 수 있지 않을까.

아기공룡 둘리는 빙하기가 닥쳐오면 남극대륙의 빙하 밑에 파묻히게 된다. 빙하가 떨어져 나가자 유빙에 갇힌 채로 적도와 태평양을 지나 남해 황해를 돌아 서울시 한강의 지류까지 흘러들어오지 않았는가. 얼음 옷을 입고 해협 따라 떠내려 온 둘리처럼 기적이 일어나 준다면 얼마나 좋을까.

딸을 찾다가 일흔의 생을 놓친 저 아비의 끊어져 가는 창자에다 이음줄이라도 놓아주었으면.

초록여인

　창밖으로 보이는 길가가 휘휘하다. 시커먼 패딩점퍼에 검정 목도리를 두른 일행이 줄을 서 있다. 듬성듬성 성글어 몇 올 남지 않은 머리카락을 감싸고 있는 털모자와 하얀 마스크 사이에서 초점 없는 눈빛이 파르르 떨리고 있다. 구름 한 점 없이 뽀얀 아침 하늘 아래 그들의 표정만이 빛바랜 책 표지와도 같다.
　내가 앉아있는 초록색 순환버스의 창문 너머로 그들은 마치 먹이를 향해 일순간 목을 빼고 올려다보는 한 무리의 까마귀 떼처럼 보인다. 정류소에 서 있는 그들의 뒤로 대학로의 상징인 젊은이들이 뿜어내는 푸른 기운이 한 줄기 섬광처럼 반사되고 있다. 그쪽 하늘에는 파란 쪽물이 집중적으로 머물러 있는 듯하다. 활기찬 젊은이들의 펄떡거리는 몸짓과 달리 초록버스 앞에 멈춰있는 그들에게는 정적만이 감돌 뿐이다. 마치 무대에서 갈채를 받고 있는 현역 연극배우와 커튼콜을 수없이 받고 내려온, 이제는 인생의 고지에서 숨 돌릴 곳으로 찾아드는 은퇴자처럼 대조를 이룬다. 일렬로 줄을 서 있던 그들이

한 사람씩 버스에 올라타자, 통로 쪽으로 냉해가 훅 뻗쳐 들어와 잠시 내 몸이 움찔한다.

새벽부터 먼 길을 서둘러 왔을까. 벌써 고단한지 환자로 보이는 검정 털모자의 수척한 여인이 초로의 남자 어깨에다 스르르 고개를 묻는다. 왼쪽 의자에서는 얼굴이 파리한 장년층의 남자가 그림자처럼 패인 퀭한 눈을 껌벅거리며 창밖을 내다보고 있다. 부부로 보이는 옆자리의 일행은 핸드백을 뒤적이며 무엇인가 찾고 있는 눈치다. 환자와 보호자가 섞인 서너 팀과 나를 태운 초록버스는 대학병원 암병동 앞에서 정차했다. 그들이 우르르 서로의 몸을 지탱해가며 병원 현관문으로 들어갔다. 보호자인 늙수그레한 남편이 아내의 목도리를 치켜 올려주고 있다. 오늘은 항암 치료가 잘되기를, 약물이 온몸으로 고루고루 잘 퍼져주기를 기도하는 간절한 눈빛이다. 그들의 모습이 새벽이슬을 만나 소리 없이 제 몸을 낮추는 풀잎 등처럼 애잔하다.

12번 초록버스는 혜화역에서 종로를 지나 창덕궁 쪽에서 회차를 한다. 방금 그들이 내렸던 병원 정문 앞에서 버스가 잠시 대기하고 있을 때 내게 손짓으로 신호를 보내며 얼굴이 핼쑥한 동생이 올라탔다. 우리는 종로의 단성사 앞에서 내렸다. 정류장 바로 코앞에서 반짝거리는 금붙이 악세사리를 하나씩 맞췄다. 예쁜 금방 여주인이 시켜주는 따듯한 커피를 한잔 마시며 쉴 새 없이 떠들었다. 동생이 겪고 있는 그간의 병실에서 일어난 일, 나의 손녀 육아일지를 주고받으며 깔깔댔다가 때로는 흥분하기도 했다. 간밤에 암환자가 통증을 견디어내는 신음소리에, 밤늦도록 통화하는 옆 침대 보호자의 큰소리에 잠 못 잔 동생의 눈꺼풀은 금방이라도 내려앉을 듯 보였다.

오랫동안 친자매처럼 지내 온 동생은 십 년이 넘도록 암병동에서 남편의 병간호 수발을 들고 있다. 초기에 발견된 암이라 수술이 잘 되어 길지 않은 치료를 받았다. 거의 완쾌 무렵에 마지막 뒤처리를 하기 위해 입원했다가 사달이 나고 말았다. 고열을 방치한 결과로 골든타임을 놓쳐 혼수상태에서 심정지의 사태까지 갔다. 목숨만은 살리려고 오직 심장에만 피를 펌프질했다. 몸의 끝부분까지 피가 돌지 못했으니 말초신경의 손상으로 시간이 지나자 차례대로 하나 둘씩 괴사상태의 지경에 이르렀다. 손가락, 발가락, 귀, 코, 입술, 전부 말초신경들이 피를 관장하는 곳이 아니던가.

멀쩡하게 걸어서 들어간 장신의 건장한 남자가 수족을 하나씩 재물로 갖다 바쳤다. 그 안에서 얻은 것은 혼자서는 운신하지 못하는 잘려나간 몸뚱이와 이순에 접어든 나이뿐이었다. 남은 것은 그 숱한 인고의 잔인한 흔적과 뚝뚝 꺾이는 세월의 비명 소리에 허정개비가 다 된 동생의 체념만이 허우적거리고 있을 뿐이다.

조금 전에 내렸던 그 자리에서 버스는 다시 동생과 나를 태우고 출발한다. 초록버스는 군살 하나 없이 미끈하게 도로를 빠져나갔다. 오늘도 혜화역에서 대학병원으로, 종로로, 창덕궁까지 하루에 수십 번씩 똑같은 길을 돌고 또 돌아온다. 정차할 때마다 시름에 찬 사람을 한 무더기씩 토해내고 다시 버스에 올라타는 눈 밑 거뭇한 그림자의 환자에게 초록색의 옷을 입혀준다. 초록버스에 탄 사람들은 사소한 온기라도 꼭 껴안은 채, 어느새 몸속에 초록 물을 들이고 있었다. 대학병원 암병동 정문의 그 자리에서 동생은 하차하고 나를 태운 버스는 또 혜화역으로 향한다.

환자에게만 더운 피가 돌아야 하는 게 아니라는 것을 병원 현관문을 열고 들어가는 동생이 토해내는 한숨을 보면 알 수 있다. 환자의 참혹함이야 어찌 말로 다 표현을 할 수 있으리. 동생의 몸 또한 여기저기서 삐거덕거리며 신호를 보내고 있다. 그도 그럴 것이 세월이 자그마치 강산도 변한다는 십 년이 아닌가. 몸뚱이 하나 겨우 누일 수 있는 보호자 간이침대에서 밤새 웅크리고 자는 토막잠의 결과는 온 삭신이 우두둑거리며 신음소리로 알려주고 있다. 동생의 등 뒤로 안간힘을 쓰고 세월을 받아낸 낙수의 흔적이 십자가처럼 아스라이 지나간다.

문정희 시인은 '알몸노래'의 시에서 '추운 겨울날에도 식지 않고 잘 도는 내 피 만큼이나 내가 따듯한 사람이었으면'이라 했다. 환자에게만 피의 순환이 절실하랴. 가슴속을 돌아다니다가 통로를 잃은, 뭉쳐 있는 한의 응어리는 어찌할 것인가. 나를 만나 커피를 마시는 그 시간만이라도 실낱같은 환기가 되어 저 초록버스처럼 동생의 숨통 안을 돌고 돌았으면 좋겠다. 버스 안에서 보았던 추운 강가의 돌처럼 차디찬 환자와 보호자의 얼굴에도 더운 김이 피어오르듯 따듯한 피가 차올랐으면.

르누아르는 언젠가 떠나야 할 삶이라면 굳이 삶을 어두운 색으로 채울 필요가 없다고 했다. 동생의 삶에 이제라도 환한 색채를 입혔으면. 순환버스에 다시 올랐을 때는 동생의 초록미소를 보며 나란히 창밖을 내다볼 수 있을까.

그녀의 웃음소리

　사진기자가 플래시를 터뜨리면서 먼저 혈육 상봉의 순서로 이어졌다. 꽃다운 나이에 중국으로 실려간지 육십 년 만에 주름진 얼굴로 돌아와 소년에서 노인이 된 남동생 품에 안겼다.
　김포공항에서 처음 그녀를 맞이한 날은 포도송이가 영글어가던 늦여름이었다. 하얀 바탕에 자잘한 물방울무늬 원피스를 입은 그녀가 멀리서도 눈에 띄었다. 정신대연구소 소장님의 손을 꼭 잡고 출구를 빠져나오고 있다. 자그마한 몸집에 잔뜩 상기된 얼굴로 두리번거리는 표정이 마치 어린 소녀 같았다. 거무스레한 얼굴로 회한의 눈물을 끊임없이 쏟고 있는 그녀는 시아버님의 누님으로 나에게는 시고모님이 된다. 열여덟 살 무렵까지 부산에서 살다가 친구와 바느질 공장에 취직한다고 집을 나간 것이 그녀의 인생을 송두리째 뒤바꿔 놓았다. 속아서 기차를 타고 헤이룽장성 목릉 인근에 있는 일본군 위안소로 가게 되었다. 강압에 못 이긴 생활을 견디다가 태평양 전쟁 말기에 군부대가 폭격 맞은 틈을 타 산을 넘고 넘어 피신한 곳이 흑룡강

성의 한 부락이었다.

그곳에서 열두어 살 많은 조선족 남자의 집에 머물게 되었다. 아내와 사별한 그와 술 한 잔 쳐놓고 식을 올린 뒤 자식 셋을 낳고 살았다. 남편이 세상을 뜨자 곧이어 큰아들마저 암으로 투병하다 결국 저 세상으로 보내야 했다. 아들의 병수발로 많은 빚을 지게 되어 살기가 막막했다. 고립된 그곳에서 고향 생각이 얼마나 나셨을까. 마침 옆 마을에 살던 친구의 딸이 결혼을 해 한국에 살게 되면서 방송국에 제보를 해주었다. 그 무렵 정신대연구소에서는 생존해 있는 위안부 할머니들의 소재 파악에 여념이 없던 때라, 연구소소장이 직접 중국으로 방문하여 몇 날이 걸린 끝에 귀국이 이루어지게 되었다.

다행히 기억력이 좋으셔서 부산의 옛 주소를 알았기에 큰 어려움 없이 수소문이 가능했다. 서울에서 거처할 곳이 정해지지 않아 조카인 우리 집으로 모시고 왔다. 우선 시급한 것이 사망신고가 되어 있는 호적을 부활시켜 국적 회복을 하는 일이다. 그 이후에 대한민국 국민임을 입증하는 주민등록증 발급을 받아야 한다. 그러한 순서가 이루어져야 국가에서 지급되는 생활문제와 거처 마련이 정해진다고 했다. 그 기간 동안 내 집에 머물게 되면서 고모님과의 정이 새록새록 쌓여갔다.

부산이 본적지라 호적에 관한 것은 그곳에 살고 계시는 시숙이 도맡아 처리를 해 주었다. 나머지는 그녀를 차에 태우고 난생처음 외국인출입관리소며 과천 정부청사로, 신원보증을 위해 경찰서와 중국 대사관을 반복해서 드나들었다. 그럴 때마다 조카며느리를 힘들게 한다며 늘 미안해하셨다. 고모님덕분에 출세한 기분이라고 하면 어쩔 줄 몰라 수줍은 미소를 띠우신다. 여든 살의 연세에 그처럼 때 묻지 않은 웃음을 처음 보았다. 그때부터 '청정소녀할머니' 라는 별명을 지어 불러드렸다.

생활과 문화의 차이가 심해 제일로 무서워하는 것이 압력 밥솥의 추가 흔들리는 소리였다. '치치치익' 뜨거운 김과 함께 딸그락거리는 소리가 나면 무섭다고 거실 창문 커튼 옆에 숨죽인 채 바짝 붙어계신다. 또 가스렌지 불꽃을 보면 어느새 저만큼 물러나신다. 세탁기 소리에도 민감하여 빨래가 다 될 때까지 꼼짝 앉다가, 끄집어내면 신기해서 몇 번이나 만지작거리신다. 기계 소리를 제일 신기해하고 무서워하는 것 같았다. 하긴 살았던 곳이 지독한 오지라 무엇이 있었겠는가.

연구소 소장의 말에 의하면 중국의 고모님 댁은 공항에서 몇 날 며칠 동안 차를 타고 갔을 정도의 산골이라 했다. 시퍼런 바다가 눈앞에 보이는 부산에서 태어나 소녀시절까지 사셨으니 육십 년 동안 한 번도 보지 못했던 바다가 제일 그립다고 하셨다. 나는 직장에 휴가를 내어 차에 고모님을 태우고 부산으로 모시고 갔다. 동생 집과 조카들을 만나고 바다를 보았을 때 뜨거운 눈물을 흘리셨다. 숨을 크게 쉬며 바닷바람을 마시고 또 손을 적셔 보기도 했다.

　부산에 다녀와서는 한시도 가만히 앉아 있지 않으셨다. 걸레를 빨고 또 빨아 거실 책꽂이며 바닥, 가구들을 매일 닦아서 반들반들 기름을 쳐 놓은 것 같았다. 내가 외출에서 돌아와 보면 어느새 벗어놓은 옷을 손으로 빨아놓으셨다. 한 번은 드라이크리닝 맡기려고 걸쳐 둔 스커트며 블라우스를 비누로 손빨래하는 바람에 깡충 줄어들어 안감이 쑥 삐져나오기도 했다. 중국에서는 농사를 짓고 장작을 패며 음식을 하고 손으로 빨래를 다 했다니 얼마나 부지런하게 살았는지 짐작하고도 남았다.

　팔 개월 정도의 시간이 흘러가고 외국인 출입증이 아닌 주민등록증이 발부되었다. 고모님의 사진이 실린 신분증을 손에 쥐고 감격의 눈물을 쏟을 때 나도 콧등이 시큰해졌다. 그 이후로 지금까지 경기도 퇴촌에 위치한 '나눔의 집'에 계신다. 간혹 TV에서 근황이나 얼굴을 접할 때도 있지만 거의 한 달에 한 번 정도는 고모님의 정식 초청으로 한국에서 살게 된 자제분들을 태우고 방문을 한다. 우리가 가는 날이면 사무실에서 미리 연락을 받고 환하게 웃으며 벌써 길목까지 달려 나와 기다리신다.

　그곳에서도 흥이 많아 분위기를 잘 띄운다고 했다. 신명나는 창을 잘해 주위 사람을 즐겁게 해주고, 같은 처지의 할머니들과도 우애가 깊어 인기가 많다며 자원 봉사자가 귀띔을 해준다. 나는 가끔 과거에 그 끔찍하고도 고통스러웠던 순간이 있었을까 믿어지지 않았다. 맑은 물소리처럼 청아한 웃음이 너무도 고와서 눈시울이 젖기도 한다. 그토록 피폐한 세월을 겪었음에도 지치고 고령이 다 된 연세에 고운 웃음소리 하나 만은 국보급이니 얼마나 고마운 일인가.

그녀의 순수한 영혼과 고운 천성이 아픈 세월을 이겨내지 않았을까 하는 생각이 든다. 관절이 좋지 않아 다리가 불편한 것 외는 다행히 건강하신 편이다. 평생 그리워하던 고국에서 자식들도 한국에 다 나왔으니 효도 받으며 편안하게 오래오래 사시기만 바랄 뿐이다. 한 번씩 기분이 가라앉을 때면 느닷없이 운전대를 잡고 북한강 강변길을 따라가다 퇴촌에 들린다. 언제나 보기 좋고 듣기 좋은 그녀의 웃음소리가 나에게는 비타민이 되어주었다.

그녀가 나를 만난 것이 크나큰 복이라고 입버릇처럼 말하지만, 나에게는 더할 수 없는 삶의 위안이라는 것을 아실까.

모기론

　시간이 지나면 어련히 제자리를 내어줄까 만은 괜한 투정으로 계절을 탓하기도 한다. 올여름은 유난히도 추적추적 비가 내리는 횟수가 잦았다. 아침저녁으로 기온이 뚝 떨어져도 낮에는 더위가 물러가지 않는다. 또 한 철을 보내고 가을을 맞이하는가. 나이가 들어갈수록 간절기 때마다 심드렁해지는 마음을 추스리기도 바쁜데 고즈넉한 밤에 불청객마저 심사를 건드린다.
　한여름에는 오히려 보이지 않던 모기들이 서늘해진 밤 기온에도 극성이 이만저만이 아니다. 퇴치하는 매트를 전기에 꽂아두어도 별 효과가 없다. 처서가 지나면 모기 입도 삐뚤어진다고 했건만, 날이 갈수록 소리 없는 공격을 해대고는 민첩하게 자취를 감춘다. 여기저기 살갗이 부풀어 올라 긁어대느라 신경이 곤두선다. 몸놀림이 얼마나 재빠른지 금방 눈앞에서 왱왱거리다가도 약통을 집어 들면 순식간에 사라진다. 하도 괘씸하여 본격적으로 모기사냥에 나서기로 했다. 벌떡 일어나 끝까지 행방을 찾아 '칙' 하고 약을 뿌리면, 허공으로 원을 두어 번 그리다 이내 바닥으로 곤두박질친다. 몸통이 뒤집힌 채로 팔다리를 허공에 대고 허우적거릴 때 혹시 일어날까 봐 한 번 더 확인사살을 한다. 바닥에 묻은 약물을 흥건히 뒤집어쓴 채 드디어 미동이 없다. 이렇게 잠자리에 들기 전에 잡아내는 모기 수가 하얀 휴지 위에 댓 마리 씩 늘어갔다. 저녁나절부터 한밤중까지 내내 이놈들과 씨름하느라 시간을 다 흘려보낸 셈이다.

 날씨가 선선해졌는데도 사라질 줄 모르는 모기를 하루하루 잡다보니 이력이 붙었다. 가을이 가기 전에 내가 얼마나 많은 양을 잡아내는지 세어보고 싶어졌다. 제대로 종이컵 한 개를 거실 바닥 한쪽에 테이프로 고정시켜 놓고 누가 치우지 못하도록 '모기수집통'이라 매직으로 써 놓았다. 한 마리씩 쌓여갈 때마다 병을 옮기고 피를 빨아먹는 인간에게 하나 이로울 것 없는 이 세상 모기를 다 박멸하겠다는 각오를 했다. 마치 '모기 앞에 칼 빼기'라는 속담이 무색할 정도로 야단법석을 떨었다.

 예전에 친정어머니가 살아계실 때 우스갯소리를 한 적이 있다. 모기는 집을 나설 때 하직 인사로 큰절을 하고 나간다는 것이다. "어머니 이 길로 집을 나가면 사람 손바닥에 맞아 죽든지 아니면 배 터져서 죽을 것이니 만수무강 하십시오" 했다고 한다. 어찌나 진지하게 말씀을 하던지 정말이냐고 되묻기까지 했다. 겨우 이삼 주 정도 살까 말까 하는 미물이 내 손에 딸깍 희생되는 것을 보면 측은하기도 하다. 모기 숫자가 점점 불어 종이컵 밑바닥이 가려져 안 보일 무렵 딸아이가 무슨 괴상한 취미냐며 징그럽다고 치우자고 했다. 그런데 하나하나 정성들여 모으는 내 모습에 익숙해졌는지 저만치 꼬꾸라져 있는 모기를 주워서 슬그머니 컵에다 담아 주고 지나간다. 그것도 무게라고 손톱으로 콕 집어넣으면 '톡'하고 소리가 났다.

어쩌다 한 번씩 나에게 사면되는 모기도 있다. 불을 끄고 잠자리에 누워 막 잠이 들 무렵 귓가를 괴롭히는 소리에 눈이 떠진다. 이미 노곤해진 몸에다 잠결이라 일어날 엄두를 못 낼 때다. '그래 너희도 먹고 살아야지 내 피를 조금만 제공할 테니 한번 쏘고 얼른 사라져다오' 그런데 숫놈 모기인지 물지도 않고, 도망가지도 않으면서 계속 왱왱거리며 신경을 건드릴 때면 결국 자리를 박차고 불을 켠다. 사냥에 나설 때다. 사방을 휘휘 살피면서 오른손에는 약통을 쥐고 전투자세를 취하며 소리를 찾아 뒷걸음질을 치다보면 거실 유리창에 비친 내 모습이 가관도 아니다. 이 야심한 시각에 무슨 큰일이 난 것처럼 만약 누군가 이 광경을 보았다면 도둑이라도 든 줄 알았을 게다.

실없이 한번 피식 웃고는 기어코 기다렸다가 천정 조명등 틈에서 발견한 놈을 향해 발사를 했다. 이내 바닥으로 떨어져 제 잘못을 아는지 손발로 싹싹 빌고 있다. 회심의 미소를 지으며 컵 속으로 옮기다가 약하디 약한 곤충 하나 때려잡고서 내가 너무 승부욕에 빠진 것이 아닐까 기가 막혔다. 불현듯 미운 사람에게 할 말을 못하고 속으로만 삭히던 감정이 떠올랐다. 내가 뿌린 약 한 방울로 발발 떨고 있는 모기를 보며 대리만족을 하는 게 아닌가 하는 생각이 들었다.

싹싹 빌고 있는 모기가 잘못을 사과하는 미운 사람의 얼굴로 보여 어떤 카타르시스를 느끼는 지도 모를 일이다. 모기 한 마리에 별의별 의미를 다 엮어보다가 잠자리에 들기도 한다. 모기소탕에 나서는 것이 어떨 때는 잠시 고마운 생각이 들 때도 있다. 여름이 지나고 또 가을이 오면서 계절의 변화에 밤을 뒤척일 때, 이놈들이 극성을 떨어주어 가라앉은 기분을 잡아주기 때문이다. 다만 아파트의 고층까지 엘리베이터를 타고 오는 것인지 방충망을 뚫고 들어오는 것인지 출처가 궁금할 뿐이었다.

올해는 유독 비가 많이 내렸고 더위가 오래 가는 바람에 모기의 개체 수가 더 늘었다고 한다. 층수의 높낮이에 개의치 않는 공격성은 그 번식력만큼 엄청나다. 모기의 조상이 2억 년 전부터 공룡의 피를 빨아 먹고 지금은 사람의 피로 살고 있지 않은가. 이쯤 되면 인간만큼 어떤 환경이든 살아남는 적응력을 증명한다. 더욱 심해지는 모기의 극성조차 다 환경파괴로 지구를 덮혀 놓은 인간이 자행한 일이거늘 누구를 탓하랴.

찬바람이 더 심해져 모기들이 자취를 감출 때쯤이면 수집한 이놈들을 화분에 묻어줄 생각이다. 내 손에 희생된 것을 억울해 한다면 나무젓가락에 풀로 붙인 네임텍에다 헛되이 사라지지 않았다는 묘

비명이라도 써 줄까. '너희는 내 집 거실을 빛내고 있는 노란 국화 한 송이를 피우기 위해 거름이 되고자 기꺼이 순직했노라'고.

사과나무

얼음골로 들어가는 진입로에 가판대가 양쪽으로 늘어서 있다. 실하고 땡글땡글한 사과, 제 철을 만난 부사가 동글동글한 탑처럼 쌓아올려 지나는 여행자들의 걸음을 멈추게 한다.

시월의 마지막 날에 초등학교 동기들 몇몇이 밀양에서 고향 모임을 가졌다. 억새꽃이 한창인 영남의 알프스라 불리는 천황산을 가기 위해 얼음골에 도착했다. 가는 길목마다 울타리 너머 과수원에는 결실의 계절답게 얼음골 부사 사과가 주렁주렁 옹골지게 열려있다. 어릴 때 내가 살던 삼문동 끄트머리, 외딴 사과밭은 개발이 되어 흔적도 없이 사라졌지만 얼음골 사과는 그 명맥을 유지하여 꽤 인지도가 높다.

어릴 때 학교에서 외딴 사과밭 우리 집까지 족히 한 20리 정도는 되지 않았을까. 하굣길에 친구들과 삼거리에서 헤어져 혼자가 되면 길가의 돌멩이를 발로 툭툭 걷어차며 걸어가기 시작했다. 길이 심심해지면 나뭇가지 하나 주워 길게 늘어진 탱자나무 가시를 후두둑 훑으며 지나갔다. 한참을 가다 모퉁이를 돌면 넓고도 새파란 밭길이 나온다. 바람이 시퍼런 풀더미를 휘휘 흔들어놓으면 흙먼지가 풀풀 날아다녔다.

햇살에 피어가는 코스모스 한 줌 쥐고 밭 사이의 곁길로 팔랑개비처럼 발걸음이 빨라지면 낡은 기와집 한 채가 나타난다. 그 옆으로 사과나무들이 줄지어 서 있다. 둑 너머로 사포리 동네 모래사장이 나올 때까지 빙 둘러있는 과수원 전체가 어릴 적 우리 집이었다. 내가 팔랑팔랑 뛰어가서 "큰오빠" 하고 소리쳐 부르면 어느 사과나무 위에서 일을 하든지 재빨리 고개부터 내밀며 큰소리로 내 이름을 불러주었다.

초가을에 가장 먼저 수확하는 사과 종은 붉은 옥이라고 불리는 홍옥이었다. 어린 마음에도 햇빛을 받아 빨갛게 반짝거리는 것이 얼마나 예뻤으면 어서 따 달라고 졸랐다. 오빠는 그 중에서도 티 하나 없이 새빨간 놈을 골라 꼭지를 똑 따서 때묻은 윗도리 앞섶에다 쓱쓱 문질렀다. 두 손이 닿으면 뽀드득 소리가 났다. 윤기가 반짝거리는 홍옥 사과가 어느새 내 손에 쥐어져 있을 때는 보석처럼 고와 보였다. 투명한 사과 표면에 내 얼굴이 거울처럼 나타나기도 했다. 먹기도 아까운 것을 한 입 깨물면 속이 노오란 과육이 툭툭 터져 나왔다. 사이다 같이 톡 쏘며 새콤하기도 하고 달콤한 것이 입안에 가득 차서 침부터 넘어갔던 느낌이 선하다.

오빠가 몇 개 챙겨준 그해의 첫 사과는 밀양초등학교 일학년부터 삼학년까지 한 반으로 쭉 같이 올라간 친한 친구들에게만 맛을 보여주었다. 남학생들은 저희끼리 나누어 먹고 여자 친구들은 서로 돌려가며 한 입씩 깨어 물었다. 홍옥은 출하 시기가 짧아서 껍질이 아주 얇아 한 입씩 베어 먹기는 딱 좋았다. 그러나 병에 취약해서 유난히 많은 반점이 생기는 종자라 반타작 농사를 짓는다고 오빠가 엄마한테 볼멘소리 하는 것을 들었다.

흠집 난 사과들은 집 앞마당에 멍석을 깔아 한복판에 주르르 쏟아놓고 윗동네 아주머니들이 빙 둘러앉아 썩은 부분을 도려내는 작업을 했다. 그 사이 엄마가 고구마와 물김치를 내어오면 내가 재빨리 그릇에 옮겨 담는다. 한 분씩 나누어드리고 나면 오빠는 몇 번이고 내 볼을 쓰다듬어주었다. 저녁나절쯤이면 아주머니들이 나무상자나 비료 포대 안에 삐져나올 정도로 담아 온 사과의 양을 보고 품삯을 쳐서 받아가는 듯했다. 곧이어 경운기를 몰고 온 아저씨가 바구니에 모두 수거해서 싣고 갔다. 아마도 잼이나 쥬스를 만드는 곳으로 가져갔던 것이리라.

홍옥의 시대가 지나고 나면 꿀이 잔뜩 든 부사와 국광이 등장하고, 골덴, 스타킹이 뒤를 잇는다. 가장 마지막의 늦가을에 아침저녁으로 서리를 맞고 단맛이 물씬 드는 인도 사과의 수확이 끝나면 그해 사과 농사는 끝이었다. 그 모든 과정을 큰오빠와 엄마가 쉴 새 없이 해내었다. 아버지는 언제나 뒷짐을 지고 있었던 모습만 기억에 남아있다. 잎새를 다 떨구어버린 빛바랜 나뭇가지에는 그나마 까치밥이라고 남겨놓은 몇 알의 사과만이 대롱대롱 매달려 있었다.

풍성했던 푸른 나뭇가지의 이파리와 열매는 손에 쥔 모래알처럼 우수수 빠져나가버렸다. 빈 나무는 제 할일을 다한 듯이 홀가분해 보였다. 오빠의 마음도 다 내려놓은 사과나무와 같았을까. 오빠가 살아있었다면 어느덧 자신의 이름을 새긴 사과의 장인이 되어있지 않을까. 마음 둘 곳 없고 사랑 줄 곳이 없었으니 오직 든든한 사과나무만을 얼마나 의지했겠는가. 나무에게 사랑을 쏟고 그 나무 아래서 땀 흘리고 꿈을 심어 이듬해 사과 열매에 달린 자신의 꿈과 만났을까. 릴케의 시 '가을날'의 구절처럼 '마지막 단맛이 스미게 하소서' 얼마나 간절하게 기도를 올렸을까.

옥빛 같은 하늘을 올려다본다. 밤낮으로 사과나무만 지켜보던 큰오빠가 떠났던 그 가을날처럼 푸른 하늘이다. 하얗게 넘실대는 구름떼가 마냥 한가롭다. 보고 싶은 얼굴이 저 구름 속에 숨어있을까. 한번 따라가 보고 싶다. 오빠도 사과나무 위에서 저 고운 하늘을 바라보다가 구름이 가는 곳이 어딘지 따라간 것일까.

촛불의 속삭임

한밤중에 자다 깼는데 다시 잠을 이룰 수가 없었다. 벌떡 일어나 투명한 유리잔에 찰랑거리도록 우유를 따랐다. 따듯하게 데워 마셔 보았지만 잠의 뿌리가 이미 십리는 달아난 듯했다. 책을 펴보아도 눈자위만 빨갛게 달아오를 뿐 조용한 음악도 소음처럼 거슬렸다. 며칠 전처럼 또 밤을 꼴딱 새울 모양이다. 욕조에 샤워기를 틀어 소리 나지 않게 물을 받고 문밖으로 불빛이 새어 나갈까 봐 절반쯤 타다 남은 향초에 불을 붙였다.

가까운 곳에서부터 연분홍빛 칫솔꽂이가 보이고 하얀 비누와 코발트빛 세숫대야가 차례로 윤곽을 나타낸다. 어느새 어스름하니 나만의 공간이 주어졌다. 촛불의 밝기가 원을 그리며 점점 커져갈 때 욕조에 어느 정도 물이 찰랑거렸다. 따끈한 물속으로 완전히 몸을 밀어 넣고 잠을 이루지 못하는 연유를 캐보기로 한다. 하루 동안에 분명 숙면에 들지 못하게 밀어내는 마음속에 어떤 걸림돌이 있지 않을까 생각해 보았다.

아니나 다를까. 스치듯 지날 수 있는 소소한 일에 촉각을 곤두세우다가 남편의 생각 없이 뱉은 말 한마디가 송곳으로 남아있는 상태였다. 부딪혀서 타협하지 못하고 고스란히 포기해버리는 못된 습관 때문에 안으로만 삭히려니 열덩이가 식지 않아 잠인들 올 리가 있겠는가. 이대로 시간이 흐르고 또 며칠이 지나다보면 깊어진 골짜기에 녹녹치 않은 감정이 눈처럼 쌓일 것을 이미 알기 때문이다. 어느새 한껏 부풀은 촛농이 또르르 구른다.

타고 있는 촛불을 천천히 들여다본다. 얼마 전 여성의류매장에서 남편이 시각장애인이었던 어느 부부의 속삭임이 생각난다. 밭고랑처럼 일렬로 진열되어 있는 행거의 옷가지들 사이로 도란도란 얘기소리가 하도 정겨워 그쪽으로 시선을 돌렸다. 까만 선글라스에 지팡이를 짚고 있는 남자가 여인이 걸치고 있는 쟈켓의 감촉을 손끝으로 만져보고 있었다. 그 남자는 옷의 단추를 여미어주며 아내에게 물었다. "여보 이 옷 색깔이 뭐야?" "옅은 주황색인데 꼭 촛불 같아요".

남편은 머리를 끄덕이며 연신 아내의 등을 쓸어주고는 잘 어울린다고 말했다. 앞을 못보는 남자의 표현에 의아했다. 그때 촛불처럼 환하게 피어오르는 여인의 미소를 보았다. 촛불의 색깔을 알고 있는 것으로 보아 그 남자는 아마 후천적인 어떤 원인에 의하여 시각을 잃은 것으로 여겨진다. 시각 장애인은 꿈을 꿀 때도 장애가 오기 전까지, 눈으로 보았던 기억만큼의 모습이 나타난다고 한다. 가령 겨울에 내리는 하얀 눈을 보지 못하고 앞을 못 보게 되었다면 그 사람의 꿈에는 눈이 온다는 지각은 있을지라도 색상 자체는 무채색이라는 것이다.

시각 장애인의 꿈처럼 내가 베푼 사랑의 무게만큼 나에게 돌아오는 것이 아닌가 하는 생각이 들었다. 평생을 함께 살아갈 사람들이 언제나 기분 좋은 하루처럼 살아지랴마는 간간이 부딪히는 사고의 차이로 신경의 칼날을 곤두세우곤 한다. 서로 배려하지 않은 채 내 감정만 챙기고 달아나서 하루를 보냈을 때는 꼭 시간을 죽이는 시계 바늘처럼 아픈 소리가 났다.

촛불은 이제 욕실 전체를 밝히고 있다. 그 순정한 밝기와 따스한 온도 그리고 희생이 보인다. 기독교에서는 촛불이 세상의 빛인 예수 그리스도의 상징이라 한다. 불교에서도 중생의 무명(無明)을 밝혀주는 부처의 지혜 혹은 내세로 인도하는 광명으로 이해하고 있다. 그래서 불단(佛壇)위에는 언제나 공양물로 항시 촛불이 켜 있지 않은가. 그 여인이 주황색을 촛불 같다고 표현한 것도 어쩌면 그들의 삶이 심지와 불이 되어 서로를 밝혀주는 의미로 되살아나는 것 같다.

나는 그 누구를 위해 얼마만큼 내 살을 태워보았을까. 감꽃 노을 같은 불꽃을 피우기 위해 촛농처럼 헌신의 눈물을 흘려본 적이 있었던가. 촛불은 낮은 각도에서 심지를 태워 안으로만 타들어가다가 어둠 속에서 빛으로 다시 태어난다. 아무런 노력 없이 시간만 휴지처럼 구기고 있는 나를 말없이 보듬어 주는 듯하다. '훅'하고 입김을 불자 심지에 남아 있는 불꽃 따라 하얀 연기가 실가닥처럼 꼬리를 물고 흩어져간다. 가슴속에 묻혀있던 앙금도 함께 뒤따라가는 것 같다.

따듯한 물속에 몸을 담가서일까. 모태의 양수 안에서 천사처럼 방글거렸을 태아 적의 아늑한 초심이 이러했을까 싶다. 욕조에서 빠져나온 발처럼 퉁퉁 부었던 마음이 편안하게 가라앉는다. 녹녹한 기분으로 잠에 들기 위해 장막과도 같은 안방 문을 열고 들어섰다. 그곳에도 또 하나의 촛불이 기다리고 있었다.

아름다운 밤

　자주 가는 사우나에서 친구의 권유로 경락 마사지를 받게 되었다. 원체 남에게 몸을 맡기는 것이 거북하여 때를 밀어보지도 않았을 뿐더러 마사지는 남의 일이라 생각했다. 단골인 친구가 계산을 다 해놓았다며 얼굴만 받아 보라고 떠밀었다.
　한증막에 들어갔다가 냉탕 온탕을 드나들며 거의 몸을 다 씻은 후에 마사지실로 들어갔더니 친구는 온몸을 맡긴 채로 물이 흥건한 침대에 엎드려 있었다. 담요 위에 큰 타올을 깔아놓고 누우라는 아주머니의 말에 엉거주춤 수건으로 대충 몸을 감싼 뒤 반듯하게 누워 얼굴을 치켜올렸다.
　자주 하면 광대뼈도 훨씬 부드러워지고 처진 볼살도 탱탱하게 된다며 마사지 예찬론을 펼쳤다. 이십여 분 정도 턱뼈가 아플 정도로 얼굴을 문지르고는 목 아래를 거쳐 갑자기 가슴 쪽으로 손길이 왔다. 끔쩍 놀라 몸을 움츠리니 앞으로 단골 하시라며 상체 마사지까지 서비스해 주겠다고 한다. 달리 거절하기도 어색해서 간지러움과 쑥스러운 것을 참고 있는데 갑자기 오른쪽 겨드랑이 쪽으로 손길이 닿자 약간의 통증이 느껴졌다.

한참을 주무르다가 고개를 갸우뚱하며 응어리가 잡힌다고 병원에 한번 가보라고 한다. 본인이 어느 부인에게도 그런 지적을 해주어 병원에 다녀온 결과 유방암 초기진단을 받아 수술을 했다며 고맙다는 답례를 받았다는 것이다. 아닌 게 아니라 그 즈음 운전할 때 오른쪽으로 핸들을 돌릴 때마다 겨드랑이 쪽이 당기는 느낌을 받았던 터라 찝찝한 기분이 들었다.

그날 이후 크게 불편하지도 않고 약간의 두려움도 있어 차일피일 미루다 얼굴에 상처가 생겨 병원 갈 일이 생겼다. 의무적으로 받게 되는 국민 건강검진표를 챙겨 접수를 했다. 여러 가지 검사를 한 뒤 유방암 검사를 신청했더니 요일별로 한다며 이틀 뒤로 미루어 졌다. 매도 빨리 맞는 것이 속 편하다고 했건만 괜한 불안감만 더했다. 약속한 날짜에 방사선과에서 유독 아픈 부분만 이리저리 차가운 금속으로 눌러가며 가슴살을 짓이기는 기분 나쁜 촬영을 마쳤다.

시큰둥하니 그럭저럭 며칠을 기다리는데 일주일 후쯤 병원에서 정밀검사를 하라는 통보가 왔다. '어, 가벼이 넘길 일이 아닌가 본데 도대체 무엇일까' 혼잣말을 하며 조바심에 그길로 전문 병원으로 달려갔다. 이번에는 초음파신청을 했더니 또 삼일 후로 예약이 되었다. 앓느니 죽는다는 말이 실감이 됐다. 초조해서 입이 바짝 타는데 무심한 수납직원은 통상적인 멘트로 또박또박 제 할 말만 전달하고 있었다. 예약된 전날에 꿈까지 꾸었다.

　대중목욕탕에서 많은 여자들이 나를 힐끔거리며 쳐다보았다. 가슴을 내려다봤더니 오른쪽 가슴이 밋밋하니 잘라져 있지 않은가. 소리를 지르며 펑펑 울다가 잠에서 깼는데 눈가에 눈물이 흥건했다. 아침부터 심한 공황상태에 빠져 있다가 정신을 차려 일단 보험 든 것부터 체크를 해보았다. 암 진단 받을 시에 치료비가 어떻게 보장될까 해서였다. 아무리 의술이 뛰어나고 인공 가슴이 감쪽같다고는 하나 가슴 한쪽 없이 어떻게 살아갈까 생각만 해도 눈앞이 깜깜했다.

　내 상상은 벌써 암 진단을 받고 가슴을 절개한 후에 고통의 세월을 극복해 나가는 비련의 여인이 되어있었다. 오후 두 시가 예약이었는데 당일 접수 팀에 밀려 또 연장이 되었다. 병원복도 귀퉁이 의자에 앉아 있으려니 속에서 열꽃이 피어나고 가슴이 답답하여 여기저기로 한 바퀴 돌아다녔다. 제 시간에 가서 녹색 가운으로 갈아입은 뒤 천천히 누웠더니 젤을 바르고 이쪽저쪽 손잡이를 돌려가며 초음파 촬영을 마쳤다. 여태 차일피일 미뤄졌던 것과는 달리 이번에는 결과를 알려줄 테니 삼십 분만 기다리라 한다.

　부디 별 탈이 없기를. 아이들 생각이며 수술해야 한다면 이 노릇을 어찌하나. 머릿속은 만감이 교차하여 기다리는 삼십 분이 하루해인 양, 길고도 지루했다. 이름이 호명되어 진료실 의자에 앉았을 때 나도 모르게 의사의 입모양부터 시선이 갔다. 보호자와 함께 왔느냐 언제부터 증상이 있었느냐 물어볼까 봐서이다. 드라마에서 보통 보던 장면이었다. 다행히 의사는 밝은 표정으로 별문제 아니라면서 안심을 시켰다. 호르몬에 의한 일시적인 유선조직의 변성이라고 했다.

 순간 나도 모르게 짧은 안도의 한숨이 훅 나왔다. 나중에 통증이 심하면 그때 다시 오라는 의사의 지시를 받고 고맙다는 인사와 고개를 몇 번이나 꾸벅이고 병원을 나왔다. 하늘은 왜 그리 푸른지, 지나가는 사람들에게 나 괜찮다며 말해주고 싶었다. 몇 날 며칠을 고심하게 했던 일이 해결되고 나니 여기가 천국인가 하는 느낌이었다.

 그날 밤 욕실에서 샤워를 하는데 거울 속에 비친 가슴이 한눈에 들어왔다. 며칠을 애태운 가슴이었지만 더할 나위 없이 예쁘고 사랑스웠다. 그 전에는 신경 쓰지 않고 눈길도 주지 않았다. 아이 둘에게 모유를 먹여 감기 걸리지 않고 잔병치레도 별로 하지 않았던 고마운 가슴이었다. 꼬물거리던 아이들이 한쪽은 젖을 물고 한쪽은 고사리 손으로 만지작거리며 쌔근쌔근 단잠을 자지 않았던가. 그 공도 모른 채 주인에게 천대를 받은 것이 서러워 어쩌면 잠시 시위를 한 것이 아니었을까.

 앞으로는 아프지 않게 정성들여 잘 관리해 줘야겠다. 물기를 머금은 두 가슴이 나를 향해 활짝 웃는다. 아름다운 밤이었다.

사랑을 시작하는 향기

 가을의 끝자락이라 아침저녁으로 제법 찬 기운이 돈다. 동대문문인협회에서 번개 모임을 갖는다는 문자를 받았다. 홍릉수목원 숲 탐방을 할 것이라 한다. 그 주변에서 이십 년 넘게 살았던 터라 반가움에 흔쾌히 참석 메시지를 전달하였다. 원로 문인들과 선배들이 한 분씩 줄지어 도착하자 모두 정겨운 얼굴이다. 코로나19로 인하여 발 묶여 있다가 거의 이 년 만의 만남이다. 제한 인원 열 명을 두 팀으로 나누어 숲 해설사와 함께 수목원 숲에 첫걸음을 내디뎠다.
 따사로운 햇살을 등 뒤로 받으며 노지 밭에 뒹구는 넓적한 홍갓 잎만큼 웃자라난 민들레가 큼직한 웃음을 띠운다. 늦은 가을날에도 새파란 잎을 간직하고 있는 것이 이채롭다. 해설사가 바라보는 앙상한 가지에서 앙증맞기가 그지없는 조그만 갈색 열매 앞에 걸음을 멈췄다. 감나무를 접목할 때 대목용으로 쓰인다는 고욤나무다. 조그만 가지에 손톱만 한 항아리 모양의 열매가 따글따글하게 달린 채로 낙엽 위에 툭 떨어져 있었다. 해설을 듣던 문학회 회장님은 어릴 적에 겨울이 되면 항아리에 저장해 뒀다가, 숟가락으로 꿀처럼 퍼먹었다며 향수 어린 눈길로 지긋이 내려다보신다.

노르스름하고 약간 자줏빛이 감도는 과육을 입에 대어 보았다. 달달할 것이라 생각했는데 진한 탄닌의 떫은맛이 혀끝을 잔뜩 긴장시켰다. 서리 맞은 고욤나무 열매의 작은 몸집은 비록 낙엽 위에 떨어져 있지만, 아직 탱글탱글한 속살을 지키고 있었다. 해설사의 열성어린 설명은 벌써 낙우송을 가리킨다. 어느새 일행들의 손바닥에는 바닥에 떨어진 솔가지처럼 뾰족한 잎가지와 구슬처럼 동그란 열매를 올려놓고 향을 맡고 있는 중이다.

낙우송은 수향목(水鄕木)이라는 다른 명칭에 걸맞게, 습하고 축축한 땅이나 물속에서도 잘 자란다고 한다. 낙우송 주변에는 뿌리 돌기들이 지면 위로 불쑥불쑥 솟아 있어 발 주변의 여기저기에 흩어져 있다. 물에서 잘 자라는 낙우송은 얕은 흙에서도 호흡이 어려워 숨을 쉬기 위해 뿌리가 밖으로 나와 자라는데 이것을 공기뿌리라 한다. 처음 보는 모양새이거니와 마치 동굴 속의 종유석이 거꾸로 자라는 형상과 흡사했다. 미국에서는 이 호흡근이 튀어나온 무릎과 닮았다 해서 무릎뿌리라고 부르고 있다. 주변에는 진한 송진 냄새가 풍겨오고 동글동글한 열매들이 떨어진 침엽 속에서 뒹굴고 있었다.

그 다음 순서는 가슴 아픈 나무이야기다. 천연 무공해 잎을 곤충들의 먹이로 다 내어주고 거미줄처럼 얼기설기 겨우 잎 둘레만 지탱하고 있는 베풀고 또 배려하는 두충나무이다. 다 갉아 먹어 버린 잎들이 햇빛에 투과되어 높은 하늘가지에 대롱대롱 널려있는 잔영이 애처롭기 짝이 없다. 구멍이 숭숭 나서 늦가을 찬바람을 오롯이 맞고 있어 폐가의 창호지 없는 문짝처럼 쓸쓸해 보인다. 시린 가슴이라는 것이 저러할까. 그러나 독성이 있어 벌레가 한 잎 물어뜯지도 못하는 저 샛노란 은행나무 잎의 번쩍거리는 치장보다 얼마나 의연한 모습인가. 두충나무의 됨됨이를 가슴속에 새기며 한 번 더 되돌아보았다.

　바람이 살랑살랑 불면서 어디선가 스쳐가는 달달한 공기가 코끝을 간질거린다. 달고나 같은 냄새 같기도 하고 어린아이들의 사탕향 같기도 하다. 아니나 다를까. 해설가는 여린 낙엽 몇 잎을 모아 향기를 맡아보라 한다. 연둣빛에 살짝 노란색이 합쳐진 하트모양의 작은 잎이다. 코를 대어보니 상큼하다. 옅은 사과향 같기도 한 그윽한 향기가 전해졌다. 계수나무다. 푸른 하늘 은하수 하얀 쪽배에 계수나무 한 나무 토끼 한 마리의 '반달' 동요에 등장했던 그 계수나무인가.

　잘 익은 복숭아처럼 색깔마저 오묘한 하트 잎을 만지작거려 보았다. 어느새 달콤한 기운에 이끌려 발밑에 깔려 있는 폭신한 낙엽 위에 누워 향기로운 낮잠이라도 자고 싶은 충동이 일었다. 계수나무는 낙엽이 떨어질 즈음에 향이 짙어진다고 하니 이 가을을 갈무리하는 주인공으로 손색이 없는 듯하다. 현재 정원수나 길에 가로수로 식재되어 하트모양 잎의 나무로 알려져 사람들에게 사랑을 듬뿍 받고 있는 모양이다. 달콤한 향기보다는 하트모양의 작은 잎이 귀여운 나무라고들 대부분 알고 있다.

향기나 예쁜 잎 둘 다 합친다면 맞설 나무가 없을 귀하고 사랑스러운 나무임이 자명하지 않은가. 일행들 역시 모두 손에 잎 하나씩 꼭 쥐고서 향기에 취하고 있는 모습이다. 마치 코로나19로 지친 자신에게 위안을 주는 시간처럼 사뭇 엄숙하다. 사람에게도 향기가 있듯이 나무도 그 향기로 사랑을 주고 사랑받으려는 본능이 있음을 숲이 말해준다.

곤충에게 남은 잎을 아낌없이 다 내어주는 두충나무의 헌신적 향기와 샛노란 잎으로 사랑받으려는 은행나무의 멋 부림, 불끈 솟아 존재감을 뽐내는 낙우송의 건강미, 고욤나무 열매의 떫고도 아련한 향수까지 숲을 키워가는 모든 나무의 향기는 존재의 본능이 아닐까. 사랑을 시작하려는 이들에게 전하고 싶다. "그대들이여 프로포즈를 하려거든 계수나무 향기 사이로 거닐어 보세요." 아마도 하트모양의 잎에서 달콤한 향기가 스며들어 그들의 핑크빛 사랑을 여물게 해줄 것 같다.

코로나19로 갑갑해 하는 사람들에게 숲은 달달한 향기로 숨을 틔워주는 하루를 선물했다. 나의 주머니 안에 든 계수나무 잎을 살며시 만지작거린다. 달콤한 초대를 받은 나도 저녁나절 내내 사랑의 향기를 맡아 볼까나.

4부

리트머스

은밀한 만남

입술의 촉감이 그대로 전해질만큼 얇고 투명한 잔이다. 매끈한 유리잔에 따른 와인은 마치 제 짝을 만난 듯 붉은 몸짓을 내보이며 활기를 띤다. 반 잔을 채운 뒤 천천히 돌려서 바닥에 세워두니 와인이 빗물처럼 흘러내리고 있다.

청진동에서 우연히 주류 백화점 앞을 지날 때였다. 유리창에 크게 쓰여 있는 문구가 눈에 들어왔다. 스페인산 레드와인 특판가 두 병에 00000원. 어떤 경로로 수입이 되었기에 저 가격이 가능한 것일까. 그래도 잘 익은 포도로 숙성된 와인일 텐데 혼잣말을 하며 유리문을 밀치고 들어갔다. 빼곡하게 들어찬 술병들 속에서 몸집이 넉넉한 주인 여자가 좁은 계산대에서 치킨을 뜯고 있었다. 고급스럽게 보이는 각종 양주까지 즐비한 와인샵에서 보기 드문 낯선 풍경이다.

여자는 무표정한 얼굴로 특가 상품이라며 기다란 회색 비닐봉지에 와인 두병을 담아주었다. 집으로 오기 전에 함께 일하는 동료에게 한 병은 뺏기고 한 병만 손에 든 채로 탈래탈래 버스를 탔다. 와인 선물은 여러 번 해보았고 밖에서 마셔보기는 했어도 사서 집으로 들고 가는 것은 처음이었다. 냉장고에 보관해서 차게 마실 요량으로 음료수 꽂는 자리에 세워 넣었다가 와인은 코르크마개로 숨을 쉰다기에 뉘어놓았다.

저녁 일을 끝내놓고 샤워까지 한 후에 가족들이 잠든 조용한 시간이 되었다. 거실 바닥에 앉아 쇼파에 등을 기대고 젖은 머리를 수건으로 눌러주고 있는데 데미 무어가 출연한 '은밀한 유혹'이라는 영화가 방영되고 있었다. 재벌로부터 하룻밤을 함께 보내는 대가로 백만불 제안을 받은 여주인공이 깊은 밤바다 선상에서 우아한 포즈로 와인을 마시고 있었다. 부적절한 만남이지만 진주귀걸이와 검정 드레스 차림의 그녀는 붉은색 와인 잔과 어우러져 매혹적이다. 살갗을 스치는 초가을의 선선한 바람과 함께 와인이 나를 이끈다.

진열장을 열었는데 마땅한 잔이 보이지 않는다. 결혼할 때 시어머니 친구분이 선물하신 크리스탈 잔이 눈에 띄었다. 암갈색 병을 빙글빙글 돌려 힘차게 코르크를 끌어 올리는 순간 '퐁'하는 소리가 신선하다. 절반 정도 잔이 찼을 때 약간의 기포와 함께 새큼한 향이 전해졌다. 와인의 맛을 평가하는 데는 세 가지의 기본요소가 있다고 했다. 눈으로는 색깔이 고와야 하고 코로는 향기가 입안에 머금었을 때 달콤함과 끝맛을 말한다.

혀끝을 돌리면서 한 모금 입안에 가두었더니 제법 독한 기운과 약간 떫으면서 시큼털털한 맛이 느껴졌다. 맛을 잘 알지는 못하지만 느낌으로 풍미가 순하지는 않은 듯하다. 단맛이 거의 없는 걸로 보아 식사 중에 마시는 드라이와인일까. 색상이 탁해 보이니 그다지 좋은 포도로 빚은 것 같지가 않았다. 다음날부터 친구들에게 와인 잔이 없어 우아하게 집에서 마시지 못하고 있노라고 광고를 했다. 특판가 와인을 마시겠다고 잔을 사러 나가는 것도 번거롭기도 해서 집에서 묵히는 잔 있으면 기증하라고 떼를 썼다.

 하루는 친구와 대학가에 가끔 들리는 까페에 앉아 커피를 한잔 마시고 있었다. 무심코 머리 위를 보았는데 여러 종류의 와인 잔이 행거에 대롱대롱 매달려 나를 내려다보는 게 아닌가. 와인에 관심을 두니 두 눈이 번쩍 띄었다. 와인 종류에 따라 계란처럼 중간 부분이 불룩한 모양, 튜울립같이 입구가 오목한 잔, 몸통이 항아리처럼 큰 잔, 길쭉한 모양, 바닥이 넓은 잔, 갖가지 모양의 잔이 와인을 기다리는 듯했다.

 눈으로 잔 순례를 실컷 하고 돌아왔다. 일주일 정도 지났을까. 대학가에서 원룸 임대하는 친구가 선물이라며 와인 잔 두 개를 꽃무늬 봉투에 담아왔다. 아담한 사이즈의 매끈한 잔이었다. 그날 밤 치즈 몇 조각과 크랙커를 접시에 가지런히 담았다. 잔을 새 행주에 곱게 닦아 이번에는 미니 상차림을 차려 와인과 만났다. 와인을 마실 때 와인글라스를 챙기는 것은 정장을 입을 때 슬리퍼가 아닌 구두를 신는 것과 똑같은 것이라고 와인 애호가들은 말한다.

고개가 끄덕여지는 부분이다. 손가락의 열전달을 막을 수 있도록 손잡이는 길면서도 빙글빙글 돌려 향을 맡을 수 있게 육각으로 빚어져 있다. 잔 속에 갇힌 향이 흔들리는 잔에 부딪히면서 코끝이 찡하게 전해졌다. 산산한 가을 밤바람이 거실 창을 넘어와 온몸을 살살거리더니 와인 한잔을 비우자 얼굴이 단풍잎처럼 붉어졌다. 더구나 시월 중에는 한 일본회사의 마케팅으로 연인들이 함께 와인을 마신다는 와인데이가 있다. 수천 년 전 술의 신 디오니소스를 경배하던 고대인들의 축제일이기도 하다. 나도 그 누군가와 달콤한 와인이야기를 나누며 함께 잔을 맞댈 수 있기를 기다려본다.

좋은 와인은 품질 높은 포도에서 비롯되고 포도의 우열은 토양과 기후의 역할이 크다. 온도와 일조시간, 강수량 등의 혜택을 받아야 깊은 맛을 낸다. 사람 역시도 포도와 같은 순수성을 잃지 않는다면 따뜻한 온도를 간직하고 토양과도 같은 배려를 잃지 않는다면 품질 좋은 와인의 향기와 온기를 가진 사람으로 거듭나지 않을까. 사람도 나이를 먹는 것이 아니라 좋은 포도주처럼 익어간다는 노래도 있지 않은가. 와인 한 잔에 이처럼 소중한 철학을 배우니 플라톤이 말한 '와인은 신이 내린 최고의 선물'이라 한 것이 한층 공감을 더한다.

프랑스 사람들의 퓨전 패러독스라는 역설이 있듯이 혈액순환을 위해서도 가끔 와인과 친해야겠다는 생각이 들었다. 와인이 바닥을 보이려 할 무렵 다시 그 와인샵을 지나게 되었다. 이번에는 어떤 와인을 고를까 하다가 아직 초보자 신세이니 저렴한 것으로 테스팅 과정에 충실할까 해서 특판가 스페인산을 한 번 더 택하기로 했다.

주인여자는 긴 회색 비닐봉지를 꺼내 들더니 나를 알아보는 눈치였다. 차라리 몰라보았으면 좋았을 것을. 주인여자의 한마디에 나는 그 자리에서 잠시 돌이 되고 말았다. "이걸로 목욕하시니까 좋죠?"

리트머스

　얼굴에 깨알만 한 붉은 점들이 툭툭 불거지기 시작했다. 며칠 사이 예닐곱 개로 늘어났다. 뾰루지 정도로 여겼는데 개수가 점점 불어나자 슬슬 신경이 쓰이기 시작한다. 밤늦도록 잠을 못자서 피부 과민 반응인가 성급한 자가진단부터 한 채 일단 진정부터 시킬 양으로 동네 피부과를 찾았다. 의사는 음식과 불면 요소 등 일상의 스트레스를 지적하며 대수롭지 않게 약을 처방해주었다. 며칠 치를 복용하는 중에 조금 가라앉는 듯했으나 다시 솟아나기를 반복했다.
　어느 날 아침 욕실의 거울을 보고 기절할 정도의 상태에 소름이 쫙 돋았다. 사람의 얼굴이 아닌 꼭 멍게 껍질을 뒤집어쓴 듯 붉은 두드러기가 눈과 입을 제외하고 빼곡히 숲을 이루고 있었다. 깨끗한 피부 하나만큼은 자부했건만 내 얼굴이 맞는지 믿을 수가 없었다. 수소문 끝에 유명한 피부과를 찾았는데 의사는 육안으로 단박에 모낭염이라는 진단과 함께 3주일의 약을 처방해 주었다. 그러나 그 병원의 진료에서도 약을 복용한 날짜가 지나도록 차도가 보이지 않았다,

독한 항생제와 항바이러스, 스테로이드 등의 부작용으로 몸무게는 늘어나고 우울감에 의욕상실까지 악순환이 겹쳤다. 여러 사람이 권하는 또 다른 병원으로 옮겼을 때 그곳 의사는 고개를 갸우뚱하며 세안제부터 시작하여 연고, 보습제, 크림 등 보험이 적용되지 않은 비급여 수입 약으로 한 뭉치 안겼다. 먹는 약도 배로 늘어났다. 스테로이드 약의 내성이 생긴 것인지 효험은커녕 다시 벌겋게 부풀어 오르면서 급기야 양쪽 종아리까지 옮겨갔다.

 그쯤 되니 집안 식구들의 걱정이 수위를 넘어서 불안으로 치달아 갔다. 피부병이 아닌 몹쓸 병이라도 걸린 것처럼 종합병원에서 정밀검사를 받자고 재촉했다. 마침내 얼굴과 종아리에 몇 바늘씩이나 꿰매면서 조직검사를 받았다. 결과는 이 주일 후에 나온다고 했다. 매일 꼬박꼬박 복용하는 약도 지겨워지고 늦은 결과 기다리는 것도 심술이 나면서 무성의한 의사들도 미웠다. 설상가상으로 시뻘건 얼굴에 꿰맨 자국을 덮는 반창고까지 붙였으니 얼굴 꼴이 말이 아니었다.

 조직검사 결과가 나오는 날 모니터를 클릭한 의사는 뜻밖이라는 표정이었다. 병명은 주사라는 여드름 종류이며 종아리 반점은 얼굴로 인한 일시적인 홍반반응이라 했다. 어이가 없어 다리에 힘이 풀리면서 병명에 대한 괘씸함으로 순간 머리에 열꽃이 확 번졌다. 큰 병에 걸리지 않은 것은 다행이나 여자의 피부로는 거의 불치에 가까운 무서운 병명인 것만은 확실하다. 의사는 갱년기에 접어든 나이 때의 호르몬 불균형이나 심한 스트레스, 환경변화 요인 등을 영혼 없는 낯빛으로 책 읽듯이 나열했다.

여러 가지 예를 들며 시간이 지나도 완쾌가 아니라 관리일 뿐더러 재발 우려와 컨디션에 따라 좌우된다는 말에 털래털래 힘없이 돌아왔다. 모두들 궁금해 하는 결과를 말하기가 참으로 어처구니가 없었다. 여드름이라는 병명으로 주위에서는 슬슬 놀리기 시작했다. "아직 청춘이네"라는 말로 시작해서 여드름을 몰라보는 의사들도 있냐며 약을 올렸다. 피부과에 붙여놓은 시술 Before 사진 같다고도 했다. 슬슬 지쳐가면서 약도 팽개치고 포기상태로 마음을 비웠더니 오히려 하루하루 조금씩 수그러지는 기미가 보였다.

어느 정도 시일이 지난 후 건강검진 담당의를 만나 상담 중에 내 얼굴을 보더니 심한 스트레스를 받은 적이 있느냐고 물었다. 그 말을 듣는 순간 얼굴의 반란이 갑작스러운 게 아니었다는 생각이 불쑥 들었다. 불과 몇 개월 전에 마무리가 된, 일 년하고도 삼 개월 간의 긴 법정투쟁으로 내 가슴이 얼마나 곪아있었는지 알기 때문이다. 잘 알고 지내던 부부가 나를 속여 부당하게 갈취해간 보증금을 찾기 위해 소송을 진행했었다.

그들은 움켜진 것을 지키기 위해 짐승처럼 나를 할퀴고 하지도 않은 말을 만들어 내어 인신공격을 가했다. 나 또한 되찾기 위해 갖은 고초를 겪어야 했다. 인격적인 모멸감과 억울한 모함에 끊임없는 상처를 받아 속이 터지고 아렸다. 진실을 밝히고 싶었지만 그들이 계획적으로 준비한 문서들 앞에서 결국 패소하기에 이르렀다. 문서화 된 사회적 구조와 그 어떤 법률지식조차 없이 몽매했고 사람을 무조건 믿었던 무지함에 맥없이 무너졌다.

  억울함에 지인들이 써준 탄원서까지 제출하면서 법원을 수도 없이 오르고 내려왔던 그 순간들을 잊을 수가 없다. 그래서 인생수업비 거하게 지불했다 치고 하루속히 잊기 위해 판사가 제안한 조정을 받아들이기로 했다. 턱도 없는 위로금이었지만 손실을 만회할 운영자금으로 서둘러 점포를 얻어 조그만 체인점 오픈을 했다. 차분히 안정을 되찾을 시간도 없이 시작을 한 것이다. 내 안의 울분이 마그마가 되어 부글부글 끓다가 끝내는 화산이 되어 폭발하지 않았을까.

  얼마나 정직한 얼굴인가. 이 얼굴로 사람을 대하고 이 눈으로 문서 한 장 제대로 확인 못해 인생의 낭패를 당하지 않았던가. 가슴에 시커멓게 타들어 간 자괴감이 리트머스 종이처럼 고스란히 얼굴에 열꽃이 되어 침착됐으리라. '엄마가 다치지 않고 건강한 것으로 위안을 삼자'는 아들의 위로에 고개를 끄덕인다. 다시 시작할 수 있는 멀쩡한 몸이 있으니 고마운 일이라 마음을 다독인다. 이제 울퉁불퉁한 종기들은 거의 가라앉았고 거무죽죽하고 벌건 자국들만 남았다. 이 흔적들도 내 마음속 리트머스가 이끼처럼 짙푸를 때면 얼굴도 파란 하늘처럼 투명해지지 않을까.

밤 한 톨이 전하는 말

　동백꽃은 새의 도움으로 가루받이를 한다. 초봄에 일찍 꽃이 피는 바람에 벌이나 나비의 도움을 받을 수가 없어서이다. 몸집이 작은 동박새가 동백나무 꿀을 먹으면서 가루받이를 도와준다. 새에게 수정을 맡기는 것이다.
　퇴근을 하고 현관문 앞에 서니 자그마한 택배 박스가 놓여 있다. 행여 내용물이 빠져나올까 봐 가로 세로 투명한 테이프가 단단히 둘러놓았다. 접힌 부분을 조심스레 커터로 그었더니 비닐에 싸인 까만 밤이 소복하게 쏟아진다. 원주에서 보내온 친구의 이평밤이다. 반들반들 윤기를 머금은 알진 밤은 보낸 주인만큼이나 얌전하기 그지없다. 밤벌레가 생길까 봐 절반은 신문지에 똘똘 뭉쳐 김치냉장고에 보관하고 나머지는 냄비에 물을 받아 안쳤다.
　고향인 밀양에서 초등학교, 여중까지 함께 다녔던 고향 친구는 얼마 전 폐에 이상이 생겨 수술을 받고 원주시 귀래면으로 이사를 갔다. 사방이 깊은 산으로 둘러싸여 있고 집 앞에는 무릎까지 차는 계곡물이 흐르고 있었다. 하루 종일 졸졸 흘러가는 물소리와 짙은 숲속의 풀내음을 맡으며 살게 되었다. 도시의 매연 속을 떠나 공기 좋은 곳에서 오직 자신의 폐 건강을 위해 내린 결정이라 했다. 마침 동네 마을 이장님의 논이 나와 있어 귀촌을 원하는 동호회 회원 다섯 가구가 공동으로 매입 의사를 밝혀 한번 내려와 답사를 하고는 결정을 했다고 한다.

논을 주택지로 변경한 뒤 친구는 길가에서 제일 안쪽 터를 택하여 집을 짓기 시작했다. 처음 방문했을 때는 초입에 누런 땅만 평평하게 다져 놓은 상태였다. 차가 다니기에도 좁은 흙길에다 허허벌판인 곳에 친구 집만 덩그러니 있어 황량하기 그지없었다. 제법 넓은 부지에 외벽은 따듯한 파스텔톤을 입혔다. 1층임에도 복층을 만들어 삼각 형태의 지붕이 솟아 있어 아담하면서도 천정이 그리 낮아 보이진 않았다. 마당에는 계곡에서 뱀이 올라올까 봐 잔디를 심지 않고 자갈을 깔았다. 계곡을 따라 산길로 접어들면 단종이 영월로 유배를 떠났던 길과 연결이 된다. 머지않아 역사의 길을 복원하여 둘레길 형태로 만들 것이라는 소문이 나 있다고 한다.

친구 집이 정리가 안 된 탓에 복숭아 과수원이 있는 '로라의 정원'으로 점심식사를 하러 갔다. 정원이 야생화 농원이라 여겨질 만큼 아름다운 꽃밭이었다. 하루에 한 팀만 예약을 받는 집이다. 주인 부부가 장만한 토마토스튜를 곁들인 정갈한 음식 차림이었다. 친구가 외딴 곳에서 홀로 살아가며 제일 먼저 만난 이웃이라 했다. 이틀이 금방 지나갔다. 주위에 온통 칠흑 같은 어둠이 깔리자 싸늘한 밤공기에 정물처럼 서서 배웅하는 야윈 친구를 홀로 두고 오려니 발길이 떨어지지 않았다.

밀양 친구들이 이름 지어준 '명희네 펜션'은 일 년 동안 계속 변화해갔다. 현관 앞에는 조그만 계단과 난간을 세워 데크를 깔았다. 그 위에 여럿이 둘러앉아 식사며 차를 마실 수 있는 목재 테이블을 놓고, 바비큐 그릴도 옆에 두었다. 채광을 위해 지붕은 투명한 플라스틱 슬레이트를 올렸다. 비가 오면 빗방울 떨어지는 소리에 취해 우수에 잠긴 하루를 보내지 않을까. 마당 한쪽으로는 나지막이 둔덕을 돋우느라 새까매진 손톱으로 고랑을 나누어 텃밭을 일구었다. 상추며 토마토, 고구마까지 여러 가지 채소를 심어놓았다. 계곡 입구 쪽에는 조그만 출입문을 달고 껍질이 그대로 붙어있는 납작한 나무판으로 집 둘레를 빙 돌아 낮은 울타리를 쳤다.

마당에서 계곡으로 내려가는 가파른 길에는 수풀이 우거져 윗길에서 돌아 내려와야 했는데 시원하게 걷어낸 후에 큰 돌을 받쳐 놓았다. 돌계단을 밟고 손쉽게 물가에 오르내릴 수 있게 되었다. 시골 주택이지만 살기에는 거의 손색이 없을 만큼 틀이 잡혀갔다. 하나씩 계절마다 이루어 놓은 손길이 제법 짜임새가 갖추어져 안정적이고 아늑한 풍경이 되었다. 고향 친구들이 여럿이 모이면 계곡물에 발 담구고 어릴 적 추억 속의 다슬기를 잡았다. 밀양 남천강의 고동보다는 훨씬 잘았지만 톡톡 물병에 담는 재미가 쏠쏠했다. 저녁 준비를 위해 텃밭에서 상추와 치커리 한 소쿠리 뜯어와 마당에 있는 수돗물에 씻을 때는, 싱싱한 야채의 손맛 또한 일품이었다. 참숯을 달구어 불을 지펴 지글지글 삼겹살을 올리고 그 아래 숯더미 속으로는 이평밤을 칼집 내어 툭툭 던져 놓았다. 작년에 이장님이 허락하신 밤나무에서 수확한 알밤이다.

 이곳은 낮에도 풍광이 좋지만 밤은 말할 수 없이 아름답다. 달빛에 물든 밤하늘에서 금방이라도 손바닥에 떨어질 것 같은 별들을 바라보며 탁 탁, 밤알이 익어가는 소리를 듣는다. 또 숲의 알싸한 밤공기는 얼마나 코끝을 간질거리는지. 랜턴을 악보에 비추어 통기타를 치며 서툰 옛 노래를 부르다 보면 달이 기울면서 여름밤도 깊어갔다. 마당으로 발만 내디뎌도 신선한 야채들이 손에 잡힌다. 직접 재배한 토마토를 데쳐 아침 쥬스를 만들어 마시며 자연식으로 식사를 하고 오염되지 않은 공기를 마시는 덕분인지 친구의 폐는 점점 좋아져 간다고 했다. 몸에 살도 제법 붙어가는 것이 눈으로 느껴졌다.

 오랜 시간 동안 프랑스 자수를 한 덕분에 여가 생활도 짬짬이 이어 갔다. 이불이며 옷을 직접 지어 입고 여러 소품을 만들어 선물도 하고 집안을 꾸며 갔다. 천에다 천연염색을 입혀 방석이며 스카프를 직접 재봉까지 한다. 치자로 물들인 겨잣빛의 스카프는 나의 패션에서도 한 몫 단단히 하고 있다. 구정 뜨개실로 자동차 시트커버를 뜨고, 찻잔 받침대까지도 하얀 수예품으로 치장했다. 욕실 입구에 깔려 있는 새하얀 뜨개 매트는 발을 딛기가 미안해 까치발을 할 정도다. 거실에 놓인 긴 고목 탁자 위에는 차를 우려내는 도구들이 주인의 손때가 묻어 반들거린다. 낯선 곳으로 이사와 동네 사람의 도움을 받으며, 홀로서기를 하는 친구가 대견하다. 지인이 늘어나면서 친구 집 거실에는 동네에 귀촌한 예술인과 유지들의 차모임이 열리기도 한다. 아픈 몸을 이끌고 이웃에게도 다가가는 그 정성에 박수를 쳐주고 싶다.

외진 곳이지만 집 마당 한가운데는 온종일 볕이 가득 차 있겠지. 천에다 감물을 먹여 마당 빨랫줄에 널어 말리고 있을 거야. 틈나는 대로 텃밭에 앉아 풀을 뽑고 새들의 소리를 듣겠지. 오후가 되어 그늘이 생기면 호박이랑 가지를 썰어 고루고루 펴 놓을 거야. 새에게 가루받이의 도움을 받고 꽃을 피우는 동백꽃처럼 그녀도 살기 위해 날갯짓을 하고 있다고 친구가 보내온 토실토실한 밤톨은 조약돌처럼 내게 조잘거린다.

불이재(不離齋)

가슴팍까지 오는 대형 얼굴 조각상의 표정을 보는 순간 잠시 멍해졌다. 다소 거친 질감이지만 아주 세밀하고도 정교하게 손으로 조각을 한 것 같다. 그 위에다 흙을 덧붙여 다시 새겨나간 듯 무한 반복의 연속 작업만이 표현해낼 수 있는 여인의 얼굴이다.

시골 길가가 한적하다. 한 무더기의 들꽃 속에 하얀 표지판이 보였다. 한 뼘 정도의 나무판에 '불이재미술관'이라 쓰여 있는 조그만 팻말이다. 호젓한 곳에 까만 화살표가 가리키는 방향은 차가 들어갈 수 있을까 싶을 만큼 좁은 길이다. 양쪽으로 한여름의 무성한 풀이 앞을 다투어 키 재기를 하고 있었다. 친구는 원주시 귀래면으로 귀촌한 지 몇 년째라 이 길을 자주 지나다녔다는데 과연 미술관이 있을까 의아해했다. 조그만 삼거리에 삼태미마을이 있고 운계리 다둔마을이라는 표지판이 보였다.

어느새 길섶까지 장악한 풀이 차 밑바닥을 훑이는 소리가 들렸다. 꾸불꾸불 오르막길로 올랐더니 백운산 자락에 비스듬히 자리 잡고 있는, 마치 산사와도 같은 고풍스러운 지붕이 나타났다. 풀밭에다 차를 세우고 첫걸음을 내딛는 순간 제일 먼저 우리를 반기는 건 옥색의 청자도판이었다. '불이재'라는 한문 전서체의 입구 안내판은 내 키를 훌쩍 넘는다. 일주문을 통과하듯 조심스레 발걸음을 내디뎠다. 정면에는 여러 형태의 여인 조각상들이 전시되어 있다. 기둥을 높이 치켜세운 황토로 지은 건축물과 그 둘레로 펼쳐져 있는 아름다운 정원의 주인은 누구일까.

 오른쪽 둔덕에는 개망초 군락이 마치 계란을 쏟아부은 듯 노랗고 하얀 물결이 너울거리고 있었다. 그 아래에는 쩍쩍 벌어진 어깨를 힘자랑하는 복숭아나무들이 가지마다 노란 봉지를 달고 여름 한낮의 강렬한 햇빛을 따라 서로 고개를 쳐들고 바라보는 것 같다. 모든 풍경이 흙과 나무로 정성들여 지어진 나지막한 지붕을 한 본채의 토속적인 건축미에 더욱 멋을 입혔다. 마치 단청이 없이 지어진 양반가의 고택처럼 고졸하고 여유로운 품위가 느껴졌다. 아마 이 미술관을 지을 때 오랜 시간과 함께 공간의 활용도와, 바라보는 시각의 섬세한 아름다움 하나에도 많은 공을 들이지 않았나 싶다.

 황토 흙담에는 통나무를 잘라 둥근 면을 흙 속에 심어 물방울이 흙 속에서 살아 움직이는 듯하다. 바닥에서부터 통유리창이 있는 낮은 돌담에는 구불구불한 길처럼 돌과 흙을 덧붙인 뒤 낮은 기와를 얹어 마치 한 마리의 뱀이 꿈틀거리는 생동감을 주었다. 그러나 아쉽게도 인기척이 없었다. 길고도 높은 대들보가 세워진 공간의 현관문에는 큰 자물쇠가 채워져 있고 바닥에는 흙이 잔뜩 묻은 장화가 주인 없는 자리를 지키고 있다. 양옆으로는 이 건물을 지키는 수호신마냥 흙으로 빚은 남녀의 얼굴 조각상이 다소곳하다. 여인의 얼굴은 부처를 닮아있는 것도 같고 자애로운 수녀의 얼굴처럼 보이기도 한다. 어릴 때 심부름으로 방에 들여다 준 고구마를 마지막으로 드시고 잠자듯 돌아가신 내 할머니의 얼굴 표정 같다. 마지막까지 암의 고통과 통증에 시달리다 세상을 떠난 엄마의 일그러진 얼굴 같기도 하다.

　이웃에서 또는 가까이에서 흔히 볼 수 있는 가장 한국적이 여인들의 따듯한 얼굴상을 보는 듯했다. 눈물이 순간 스쳐갔다. 어떻게 만들어진 작품이기에 한 얼굴에서 이리도 많은 표정이 살아날까. 조각상을 보는 내내 차갑지 않고 따스하며 부드러워 질박한 그 품에 안기고픈 친밀감이 전해졌다. 마음을 아늑하게 해주던 작품을 뒤로 하고 이미 들어선 마당이니 정원 쪽으로 향했다.

　아주 우람하고 잘생긴 키가 큰 소나무 아래 하얀 조각상의 수녀님이 있고 한몸이 되어 위아래로 서로를 마주보며 촉촉한 눈빛을 주고받는 연인상이 풀 속에 세워져 있다. 흙으로 빚은 작품과 하얀색의 입자는 차가운 석고의 느낌은 아니었다. 정원의 위쪽에는 마치 암벽에 새긴 조각을 뉘여 놓은 것처럼 하늘을 올려다보고 있는 두 여인이 나란히 누워 있다. 자유를 갈망하며 또 무엇인가를 꿈꾸는 듯한 몽환의 표정으로 풀밭에 누워 연인의 품속인 양 평온해 보인다.

여기저기 풀밭에 무심하게 툭툭 던져 놓은 자유로운 저 작품들은 어쩌면 우리 모두 흙으로 돌아간다는 회귀를 나타내는 것일까. 작품의 제목이나 그 흔한 도록 한 장 보이지 않고 작가의 이력 한 줄 또한 어디에도 없다. 아마도 작가는 이름을 내세우는 대신 자신이 빚은 흙의 미소와 이야기를 나누라는 의미를 남겼을까. 자물쇠를 채운 저 내부의 공간에는 또 어떤 작품들이 전시되어 있을까. 어쩌면 이리도 공력이 대단해 보이는 자식 같은 대형작품들을 이리저리 풀밭에 뉘어 놓고 작가 분은 어디를 가셨을까.

정자의 그늘로 올라가 잠시 더위를 식혔다. 나무계단 아래로 움푹 패인 연못은 무성한 풀들로 가득 뒤덮여있다. 한때는 이곳 미술관에서 성황리에 개관식을 했을 것이고 연못엔 연꽃이 가득 피고 멋진 소나무도 그때 심었겠지. 마당에는 예쁜 꽃들로 잔치를 했으려나. 작가의 개인전도 여러 차례 열었을 것이고 많은 사람들과 축하를 나누는 자리도 가졌을 테지. 지금은 왠지 그 어떠한 사정으로 인하여 운영을 잠시 미루어놓은 상태로 느껴진다. 다시 재도약을 꿈꾸는 용틀임의 시기인 것도 같고 화려한 이력 뒤에 잠시 숨을 고르는 휴식 기간이려나.

나는 순간적으로 펜을 꺼내 메모를 했다. '선생님 불이재라는 조그만 나무 팻말에 이끌려 주인도 안 계신 미술관을 이리저리 휘젓고 다녔습니다. 꼭 한번 작가님이 해설해주시는 작품관람을 하고 싶습니다.' 쪽지를 잘 접어 현관문의 묵직한 자물쇠 고리에 빠지지 않게 단단히 끼워 놓았다. 가까운 날에 다시 올 것 같은 기대감으로 뒤돌아보며 멀리 자리 잡은 백운산 자락을 내려왔다. 차가 움직일 때마다 길섶으로 쓰러지며 꼬꾸라지는 풀들의 거친 신음소리에 괜스레 미안한 마음이 들었다. 흙으로 빚은 미소를 몰래 담아와서일까.

그리운 미시령

　뱀처럼 아찔한 태백산맥의 허리 능선이 꼬리를 튼다. 어느 순간 귀가 먹먹해질 때쯤 높은 고지에 편편하게 자리 잡은 미시령고개의 주인인 휴게소가 나타난다.

　언제부터인가 서울에서 속초 방향으로 여행을 할 때면 시간을 줄이느라 미시령 터널로 가는 것에 익숙해졌다. 이번에는 하루를 자고 오는 짧은 일정이었지만 쉴 새 없이 바빴던 일상을 내려놓고자 일부러 한가로운 옛길을 택했다. 미시령 옛길이라는 표지판이 새삼 정겨웠다. 시간의 여유는 여행을 떠날 수 있는 기회라 하지 않던가. 참으로 오랜만에 가보는 옛길로 접어들었다. 마치 우리의 인생길처럼 꼬불꼬불하다. 급커브 길에 천천히 브레이크를 밟아가며 경사진 길을 오르다보면 어느새 뒤를 돌아다보게 된다.

　이 길을 지나갈 때마다 언제나 그랬듯이 커피 한 잔이 생각나는 곳이다. 넓게 펼쳐진 산새와 잘생긴 설악산의 늠름한 자태에 눈이 호강하면서 차문을 열었다. 순간 감당하기 힘든 세찬 바람이 이내 온몸을 경직케 했다. 5월에 휘몰아치는 광풍만큼이나 나를 놀라게 한 것은 폭삭 내려앉기 직전의 미시령휴게소와 주차장 풍경이었다.

 불과 몇 년 전까지만 해도 바글거리는 여행자들로 인산인해를 이루던 곳이었다. 자욱한 운해가 가득하여 바로 옆 사람의 얼굴조차 분간이 어려웠다. 산 위에서 망원경에 동전을 넣고 속초 시내와 바다를 내려다보기도 했다. 목적지에 가까이 왔다는 안도의 숨을 내쉬며 뜨거운 커피를 맛깔나게 마시면서 옆 사람과 눈인사를 나누던 정겨운 곳이었다. 뜨끈한 어묵 한 사발을 들고 지나치는 사람과 부딪히지 않으려 몸을 옆으로 세우면서 까치발로 간신히 내려오던 통나무계단이 보인다.

 줄을 서서 온몸을 비틀며 기다리던 바깥 화장실은 아직 그대로 있다. 운전 시작한지 몇 개월도 되지 않던 초보자 시절 한겨울에 겁 없이 강원도로 문상 가는 길이었다. 덜덜 떨면서 굽이진 비탈길을 올라 온몸이 파김치가 되어 얼어붙었을 때 이곳 미시령에서 한숨을 돌렸다. 후들거리는 다리를 펴고 꿀맛 같은 커피 한 잔에 긴장감이 사르르 녹아내렸던 기억이 어제와 같다. 어지러운 경사 길을 올라와 바라본 동해와 설악산의 위상이 바로 눈앞에 보여 그 조망에 가슴이 탁 트이고 벅찼던 기억이 선연하다.

 지금은 그토록 웅장했던 휴게소의 자태는 사라졌다. 다만 '붕괴위험 접근금지'라는 딱지를 달고 있는, 낡고 삭은 목조건물 한 채만이 덩그러니 노구를 버티고 있을 뿐이다. 빽빽이 들어선 차들로 한쪽 귀퉁이 틈조차 차지하기 힘들었던 주차공간은 겨우 내 차를 비롯하여 달랑 서너 대에 불과하다. 썰렁하기가 그지없다. 이천 년 후반기에 건설된 미시령 관통 도로의 개통 이후 인근의 고개를 넘는 차량 수가 줄어들어 운영의 어려움이 가져다 준 결과물이다.

　백두대간 한가운데를 관통한 미시령 터널은 여행 동반자의 스토리와 서사가 있는 추억을, 그렇게 시간의 단축이라는 미명 아래 빼앗아 가고 있었다. 미시령은 강원도 고성군과 인제군 북부면을 잇는 높은 고지의 고개이다. 인근의 고개보다 높고 경사가 가팔라 고개를 넘는데 그 시간을 가늠할 수 없다 하여 미시령이 되었다 한다. 조선시대에는 미시파령이라는 이름으로 기록이 되어 있다. 고려 때부터 길이 있었는데 너무 험준하여 폐지했다고 한다. 조선 성종 때 다시 길을 열었다가 닫기를 반복하다가 60년대에 도로가 개통이 되었다.

　이 고개는 사용과 폐쇄를 거듭하다 자동차가 다닐 수 있게 뚫었지만 워낙 경사가 심하여 겨울에는 폭설로 인해 수시로 통행이 중단되고는 했다. 현재 미시령 옛길은 재개통 되었으나 휴게소는 시설 노후에 따른 안전이 문제가 되어 출입이 통제된 상태이다. 매입 의사를 나타낸 국립공원 측이 향후 계획을 수립 중이라 한다. 휴게소 운영중단과 함께 주차장마저 출입금지를 시켜 운전자들의 불편을 초래했는데 올해 5월부터 개방했다니 나는 운 좋게도 고개 정상에 서 있다.

바로 눈앞에서 우람한 근육질의 남성을 연상케 하는 설악산 울산바위를 바라본다. 탁 트인 동해를 내려다보니 가슴이 절로 시원해진다. 미시령휴게소는 세월의 무게를 이기지 못해 곳곳에 빛이 바랬다. 채워져 있는 문고리는 녹이 슬어 입을 다문 채 쓸쓸하게 바다를 내려다보고 있다. 무엇이든 나이가 들고 오래되면 버려지고 쓸쓸히 남는 것인가. 가슴 한쪽이 아파온다. 나에게도 벌써 그리운 것만 남았는가. 사람의 마음은 다 비슷한지 주위의 몇 안 되는 운전자들도 옛 기억에 동참했던 시설이 아쉬워 눈길에 허무함을 담고 있다.

그래서인지 바쁘게 살아가는 현실의 크고 작은 길에서 삶을 되돌아보게 하는 향수의 길이 생겨나고 있다. 함께 소통하고 간직하는 의미를 되새겨보고자 쉬어가는 옛길에 대한 관심도가 높아져가고 있다. 곳곳에서 옛길 걸어보기 탐방행사가 생겨나고 영남대로의 역사적인 상징인 문경새재를 바탕으로 옛길박물관도 생겨났다. 이곳 강원도에도 구름조차 쉬어간다는 옛 고개 정상에 요란한 형태의 건물은 짓지 않았으면 좋겠다.

위엄이 아닌 물처럼 고요하게 수용하는 미시령의 푸근함을 그대로 간직한 저 고풍스런 목조건물을 부디 보존해 주었으면 한다. 자욱이 낀 안개를 걷어내는 아련한 공간에서 벗어나고자 차를 돌렸다. 쓸쓸하게 빛을 잃어가는 '즐거운 여행 하세요' 그 낡은 글씨가 계속 눈에 밟혀 온다.

향기로 훔친 가을

　영화 '델마와 루이스'의 두 주인공처럼 차를 몰았다. 오픈카는 아니지만 창문을 열고 오렌지빛 스카프를 휘날리며 고속도로에 올랐다. 친구와 내가 모처럼 시간과 마음이 합쳐진 나들이다.
　저녁 무렵 길을 나선 것은 고즈넉한 산사에서 새벽을 맞이하고 싶다는 친구의 제안에서 시작되었다. 그녀는 계절의 변화에 민감한 편이다. 특히 가을의 문턱에 접어드는 시월에는 책 한 글자도 머릿속에 들어오지 않고 몹쓸 상념으로 몸살을 앓는다고 했다.
　오대산에 위치한 월정사 입구에 도착하였을 때는 거의 자정에 가까웠다. 산장이라는 팻말의 유혹에 끌려 들어가 보니 철문이 덜렁거리는 복도식의 형태가 마치 도심지의 아파트가 연상되어 도로 나왔다. 철이 이른 데다 시간까지 늦어 민박마을로 들어갔으나 별빛만 가득할 뿐 집집마다 불이 꺼져 있어 난감했다. 미리 예약을 못한 탓으로 돌리고 불이 켜져 있는 조그만 가게로 갔다. 먹을 것을 사고 잘 곳을 부탁했더니 마당에 온통 자갈로 깔아놓은 지붕이 나지막한 집으로 안내를 했다.

　방문을 두들기자 한잠 주무시던 주인아주머니는 마당의 불을 밝혔다. 재빨리 난방을 가동시켜 금방 따듯해질 거라며 반기신다. 늦은 밤이라 식당이 문을 닫아 라면을 끓일 수 있냐고 물었더니 냄비와 김치 한 사발을 건네주신다. 마당의 수돗가로 물을 받으러 가는데 평상 한쪽에서 진한 꽃향기가 코를 스쳤다. 향기 따라 몇 발짝 옮겨갔더니 어두운 마루귀퉁이에 두 팔로 감싸 안을 만큼의 붉은 백합이 무더기로 항아리에 꽂혀 있는 것이 아닌가. 이 시골에 하얀 백합도 귀할 텐데 그것도 몇 다발은 되어 보이는 붉은 꽃이니 의아했다.

　시계를 맞춰놓고 따끈따끈해진 아랫목에 누워 잠을 청하려니 바깥 찬바람에 오들오들 떨고 있을 백합이 안쓰러웠다. 깊은 산중의 칠흑 같은 어둠 속에서 조심스레 꽃 항아리를 안고 들어왔다. 순식간에 방 안은 붉은 드레스를 입은 여인들이 너울너울 서로 손을 잡고 왈츠를 추는 것 같은 환상에 빠졌다. 그 향기까지 점점 짙어져 숨이 턱 멎는 것 같았다. 우리는 이대로 향기에 질식될까 봐 춥더라도 창문을 조금 열어 두기로 했다. 창문 밖으로 쏟아지는 별을 보며 친구는 백합 향기 속에서 황홀한 잠에 빠졌고 난 새벽을 뜬눈으로 맞이했다.

　일어나 숨을 크게 내쉬니 마치 나의 폐 속에도 백합 향기가 저장이 되었는지 목젖을 타고 솔솔 풍겨왔다. 새벽 찬 기운과 산안개를 휘감으며 몇백 년 역사의 자태를 도도하게 내뿜는 전나무 숲이 눈앞에 나타났다. 월정사는 고요하게 아침을 맞이하고 있었다. 끝없이 이어지는 숲길에는 지난 가을의 낙엽과 이제 막 성급히 몸을 떨구는 잎새가 색상대비를 보여주고 있다. 서로 새 생명을 주고받는 약속을 하는 것일까.

아침 찬 공기에 친구는 베이지색 긴 목도리를 두어 번 휘감았다. 전나무의 키가 어디까지 뻗쳐 있는지 간간이 목을 젖혀 하늘을 본다. 그리고는 초가을 새벽의 나무에게서 향기가 난다며 마치 몸속에 다 채우기라도 할 듯 연신 숨을 들이킨다. 그렇게 일주문을 지나 절집을 찬찬히 돌아보고 숲길을 걷다가 다시 민박집으로 향했다. 어느새 일어나신 주인아주머니는 평상에서 빨간 오미자를 널어 추리고 계셨다. 간밤에 우리와 혼숙한 백합의 출처를 물으니 비닐하우스에서 재배하는 이웃집에서 얻어온 것이라 한다.

절집 아래 시골 민박집에서 쑥부쟁이나 구절초가 아닌, 호텔 로비에서나 근사하게 꽃꽂이되어 있을 붉은 백합을 본다는 것 자체가 드문 일이지 않는가. 주인아주머니가 인심 좋게도 그 꽃을 집으로 가져가라 하신다. 나는 민박집을 찾는 이들에게 귀한 꽃향기를 선물하는 일이라며 항아리를 다시 마당으로 옮겨 두었다.

집에 도착한 후 정체현상으로 오래 운전을 한 탓인지 쉬고 싶었다. 무엇보다 빨리 일상으로 돌아간다는 것이 어쩌면 여행의 여운을 쉽게 자르는 아쉬움 때문인지 미적거리고도 싶었다. 이틀 만에 여행 가방을 열었을 때 굽굽해야 할 옷가지 속에서 백합향이 솔솔 풍겨 나오지 않은가. 참으로 신기해서 가방 속을 펼쳐보았다. 손수건에서도 화장품 파우치에도, 카메라 케이스 안에도 향기는 꼭꼭 숨어 있다가 고개를 들었다. 천 리 길을 차 안에 꽁꽁 숨어서 따라온 그 향기는 친구의 마음속에도 찾아갔으리라.

  사는 것이 별 재미가 없다고 하던 친구, 벌써 인생을 다 살아본 것처럼 하고 싶은 일이 별로 없다는 친구에게 말해 줄까. 먼 길을 마다않고 저 붉은 백합꽃 향기는 왜 우리에게 달려와 주었을까. 가을을 타는 너에게 가을의 향기를 전해 주는 것이라고. 살아가는 삶의 향기를 선물하는 것이라고. 그 향기가 불씨가 되어 너의 감성과 저조한 기분에 불을 지펴 줄 것이라고 말이다.

  붉게 타는 입술 속에 암술과 수술이 함께 타올라 마치 불꽃처럼 춤을 추던 그날 밤의 꽃송이가 다시금 눈에 아른거린다. 산장에서 붉은 꽃들의 향연을 즐기느라 내가 잠들지 못했을 때, 백합도 향기를 가득 채우느라 밤을 새웠을까.

무섬마을에 놀러 오세요

 반들반들한 마루가 아닌 무채색의 툇마루와 높은 문지방이 인상적이다. 한지로 곱게 여미어진 미닫이문과 조화를 잘 이루고 있다. 그 옛날 선비 댁의 사랑채에 고스란히 머물게 되어 사뭇 설레는 밤을 맞이하게 되었다.
 그곳에 도착했을 때는 늦가을이라 해가 짧아진 탓인지 이른 초저녁임에도 길에 사람이 보이지 않았다. 깜깜한 영주 시내에서 수도리 한옥마을 길을 물어보았지만 다들 잘 모른다고 했다. 잘 알려지지 않은 조용한 곳이라는 느낌이 들었다. 할 수 없이 마을의 교량 역할을 하는 수도다리 입구에 위치한 전통식당 주인에게 전화를 걸어 어렵사리 표지판을 찾을 수 있었다. '꽃은 피고 물은 흐르고'라는 마을 입구의 유일한 식당이었는데 주인이 직접 지었다는 황톳집에 발을 들이자 자갈이 쭉 깔려 있었다.
 마당 한가운데 소담스런 꽃밭이며 항아리들이 옹기종기 모여 있어 여간 정겨운 것이 아니었다. 개량 한복을 입은 주인 부부가 만들어

내어놓은 닭볶음탕에 직접 담갔다는 달달한 식혜를 한잔 권했다. 무섬마을 지킴이 역할을 하신다는 노 화백 한 분과 이런저런 담소 끝에 오늘 밤 우리가 잠잘 고택을 부탁했다. 그러는 동안 유명한 통기타 가수와 음색이 비슷한 주인 남자가 기타를 치며 노래를 들려주었다. 원래 한두 곡으로 끝나는데 서울에서 어여쁜 아낙들이 왔다며 덤으로 몇 곡을 더 불러 주었다.

　이 또한 여행지의 낭만이라 여겨 서둘지 않았다. 늦은 시간에 무섬마을 고택들이 즐비해 있는 곳으로 하룻밤을 보낼 한옥집에 들어왔다. 적막감마저 감도는 기와집에 문풍지를 정갈히 발라놓은 문을 당기고 조심스레 허리를 굽혔다. 문지방을 넘는 순간 고택 주인이 얼마나 장작을 밀어 넣었으면 구들목이 쩔쩔 끓고 있었다. 부석사 경내와 소수서원을 많이 걸어 다닌 터라 노곤한 몸이 절로 아랫목에 깔린 이불 밑으로 이끌려갔다.

　무섬마을은 현재 오십여 가구가 살고 있는데 대부분이 전통가옥이다. 마을의 역사는 경북 북부지방에서도 유명한 반남(潘南) 박씨들이 난을 피해 안동에서 영주로 피신을 오면서 시작되었다고 한다. 그 후 선성(宣城) 김씨가 시집을 오면서 두 집안이 자리를 잡아 현재까지 집성촌으로 이루어져 있다. 수도리 무섬마을은 '물 위에 떠 있는 물섬'을 뜻한다. 영주에서 흘러온 영주천과 예천을 비켜 흐르는 내성천이 마을 앞에서 만나 마을을 휘돌아가는 뭍 속의 섬이다.

복잡해진 안동 하회마을과는 달리 사람의 발길조차 드문 강촌이지만 마을에는 기품 있는 고가들이 고고히 자리 잡고 있다. 하룻밤 일정이라 잠드는 시간이 아까워 밤공기도 마실 겸 강둑을 걸어보았다. 둑 아래로 어렴풋이 금빛 모래밭이 보였다. 수도교의 조명아래 은빛 물결이 강물에 잔잔히 반짝이고 있었다. 맨발로 고운 모래를 밟으며 물가의 납작한 바위에 앉아 물속에 발을 담그고 밤 풍경을 바라보았다. 차가운 기운이 발끝에서부터 온몸에 전율을 일게 했다.

또렷한 초승달 사이로 별들이 성근성근 뿌려져 있고 고요한 강물은 외지사람의 방문이 반가운 듯 이야기나 소곤거려보자고 넌지시 말을 건다. 옛적에 선비들이 머리를 식힐 때, 모래밭에 솥단지 걸어 놓고 탁족을 즐기던 곳이 아니었나 하는 생각이 들었다. 촉촉한 밤하늘 아래 화롯불이나 피웠으면 좋으련만 친구가 잠든 것이 못내 아쉬웠다. 툇마루에 앉아 어스름하게 동이 트는 것을 본 후에야 잠시 눈을 붙였다. 아침은 순박한 얼굴 표정의 주인아주머니가 지어주신 고구마 밥이었다. 후식으로 항아리에서 꺼내준 주먹만 한 홍시까지 든든하게 챙겨주셨다.

새로 생긴 수도교가 생기기 전까지는 무섬마을 사람들의 삶을 바깥세상과 연결해주던 유일한 통로가 외나무다리(섭다리)였다. 무섬마을에서 가장 유명한 다리이다. 마을사람이 말하기를 시집올 때 꽃가마타고 외나무다리를 건너 들어오고 죽어서 이 길로 상여가 나간다고 했다. 마을 사람들의 온갖 풍상을 다 지켜 본 증인이었으리라. 어젯밤에는 깜깜해서 보이지 않더니 서서히 물안개 사이로 모습을 나타내기 시작했다. 외나무다리는 강물과 금모래 백사장 위로 실개천마냥 길게 휘어져 있다.

　장마 때마다 떠내려가면 다시 만들고 했다는 외나무다리가 이십여 년 만에 복원이 되었다. 마을사람들과 후손들의 십시일반으로 나무를 덧대 옛날식으로 직접 만들었다고 한다. 무심한 강물처럼 흘러가 버린 세월을 회상이라도 하듯 다시는 사라지지 않으려는 비장한 각오로 마치 부초처럼 물 위에 떠있다. 다리 위로 발을 내딛자 폭이 좁고 눈앞이 긴 강물뿐이라 흔들흔들 불안한 걸음으로 다리가 후들거렸다. 두 팔은 사정없이 허공을 향해 춤을 춘다. 어릴 적에 통나무다리를 건너던 기억이 나서인가 잠시 동안 아찔하면서도 신이 났다.

　마을 입구에는 해우당(海愚堂) 고택이 있다. 조선 고종 때 의금부 도사를 지낸 해우당 김락풍 선생이 입향하여 지은 것이다. 낡은 기와지붕과 고택의 이름에서부터 옛 선비의 정취가 그대로 묻어난다. 안동 하회마을은 유씨 가문의 고관대작들이 고래등 같은 솟을대문을 가진 기세등등한 양반가의 기와 촌이다. 반면에 무섬마을은 자기 분수에 맞도록 소박하게 지은 작은 기와집과 초가를 지어 살아왔던 농촌마을인 것이다. 해우당의 뜻도 '바다보다 어리석은 마음'으로 선비가 스스로를 낮추는 데서 연유됐다 하니 그 인품에 고개가 숙여진다.

보존만 해놓은 한옥마을의 기와집과는 달리 무섬은 대부분의 가옥에 사람이 생활하고 있다. 그래서인지 집이 살아있다는 느낌을 준다. 화려하지는 않지만 기품이 있고 예부터 처사와 은자의 고향이라고 할 만큼 겸손했던 선비들의 마음가짐과 참으로 잘 어울리는 곳이다. 정연한 기품으로 자리 잡은 다소곳한 양반 고택의 한적한 여유를 어찌 하룻밤에 흉내 낼 수가 있겠는가. 무섬마을의 옛 선비들이 스스로 몸을 낮추면서 저 외나무다리처럼 의연한 자세로 묵묵히 살았을 모습이 그려진다. 그곳을 다녀온 지 한 달쯤 지난 후에 고왔던 얼굴의 고택 주인아주머니로부터 한 통의 문자 메시지를 받았다. '무섬마을에 눈이 왔어요 놀러오세요.'

덕혜옹주를 바라보며

 작은 공 모양의 하얀 꽃송이들이 톡톡거린다. 공조팝나무 꽃향기가 언덕을 메우고 있다. 오월의 싱그러운 풀 냄새가 남양주 홍유릉 둘레길에 가득하다.
 백봉산 자락을 따라 이어지는 산책길은 자연 그대로인 흙길이라 포근하게 걸음 속에 안겨든다. 홍릉과 유릉은 대한제국 황실가족의 무덤이 모여 있는 곳이다. 홍릉은 유일하게 황제 릉의 격식에 따라 조성되어 고종과 명성왕후가 잠들어 있다. 유릉은 그들의 아들인 순종과 두 왕후를 함께 모신 곳이다. 조선 왕릉 중에서 하나의 봉분에 세 분을 합장한 유일한 동봉삼실릉(同封三室陵)이다. 고종의 일곱 번째 아들 영친 왕과 이방자 여사의 묘인 영원은 홍유릉 울타리 밖 동쪽에 자리 잡고 있다. 다소 가파른 길을 걸어야 한다. 오른쪽 언덕으로 이어지는 자리에는 그들의 아들인 이구의 회인원이 있다. 이구는 황족일 뿐 어떤 지위도 없었기에 묘지는 봉분만 덩그러니 있어 썰렁하기만 하다. 영원에서 내려와 오른쪽으로 담장을 따라 걸으면 세계유산 조선왕릉 사진전 자료가 설치되어 있다. 왕릉 공감 사진전을 지나면 덕혜옹주와 의친 왕 관련 사진들이 눈높이에 알맞게 전시되어 쉽게 볼 수 있다.

황실 가계도를 시작으로 덕혜옹주의 일생을 시기 순으로 배열해 놓은 관련 사진들이 함께 실려 있다. 조선 왕조와 대한제국의 운명만큼이나 슬픈 생을 살다간 덕혜옹주의 생전 사진이 오월의 청청한 하늘 아래서 푸른빛으로 반짝거리고 있었다. 고종이 황제의 자리에서 물러나 회갑을 맞이하던 해에 거처인 덕수궁에서 덕혜옹주는 늦둥이 외동딸로 태어났다. 어머니는 나인출신으로 고종의 후궁이 된 복녕당 양씨이다. 당시 제위를 순종황제에게 물려주고 덕수궁에서 상태왕으로 지내던 고종에게 고명딸은 삶의 위안이자 큰 기쁨이었다.

황실 안에 유치원까지 만들었다. 덕혜가 외롭지 않게 친구들과 함께 놀고 공부하도록 해 줄 정도로 애정을 쏟았으니 말해 무엇 하겠는가. 그런 아버지에게 덕혜 역시도 얼마나 든든하며 깊은 정을 가졌겠는가. 한복을 입고 아홉 명 원생들의 사진 속에서 덕혜는 제일 어리다. 하지만 야무지고 초롱초롱한 눈망울로 사랑을 듬뿍 받고 있음을 느끼게 해준다. 꿈처럼 흘러가던 유년시절도 잠시 고종이 승하하자 행복했던 덕혜옹주의 삶도 막을 내린다.

일제는 조선 황실의 흔적을 지우기 위해 그녀에게 일본식 교육을 강요했고 외압에 굴복한 순종의 명으로 14세의 어린 나이로 일본유

학길에 오른다. 동경에 있던 이복오빠 영친 왕과 이방자 여사의 보살 핌으로 여자학습원을 다닐 때 오빠 순종과 생모의 부고를 잇달아 받 으며 이국땅에서 고아가 되어 실의에 빠진다. 그 후 정신이상 증세를 보이다 어느 정도 완쾌되자 덕혜는 대마도 백작과 정략결혼을 하게 된다. 일 년 뒤에 딸 정혜(마사에)를 낳고 잠시 안정을 찾는 듯 했으 나 다시 정신질환을 얻게 되었다.

　일본의 패전으로 귀족의 지위를 잃게 되자 백작은 그녀를 정신병 원에 보내고 곧 이혼했다. 하나뿐인 딸 정혜마저도 실종되는 비운을 겪으며 병세가 더욱 심해져 그 후 귀국할 때까지 십여 년 동안을 병 원에서 독방생활을 했다. 해방 이후 그녀는 어린 시절을 보낸 궁궐로 돌아가기를 원했지만 이루어지지 않았다. 그러다 한 신문기자의 긴 노력 끝에 마침내 귀국길에 오르게 되었다. 떠난 지 근 삼십여 년 만 에 꽃다운 소녀가 오십대 중년 여인이 되어 그것도 온전치 못한 정신 의 초라한 모습으로 고국 땅을 밟게 된 것이다.

　비행기에서 부축을 받아 내려올 때 그녀의 퀭한 눈빛은 애처로이 흔들리고 있었다. 공항에 마중 나온 유모도 알아보지 못했다고 한다. 몇 년간 고국에서 병원생활을 더 하다가 퇴원하여 낙선재에서 기거 하게 되었다. 어릴 적 유모와 이방자 여사, 순종의 계비인 조선의 마 지막 왕실 여인들과 더불어 말년을 보내다 일흔일곱 해에 삶을 마쳤 다. 서로 상처를 다독이던 덕혜의 죽음이 안타까웠는지 이방자 여사도 열흘 뒤에 눈을 감았다.

　그녀의 한복차림을 한 성장 과정과 소학교 시절의 일본 복식 차림, 외출 때의 서양식 양장을 한 사진들은 어린 나이지만 기품 있고 단아하다. 평탄치 못했던 일생이었다. 숨겨진 고통을 혼자 삭이다 병든 몸으로 비행기에서 내리는 사진도 보인다. 검정색 겨울 코트 속으로 초점 잃은 눈빛이 못내 가엾다. 발길을 잡는 듯한 그 눈길을 뒤로하고 이제는 그녀가 잠들어 있는 곳으로 길을 따라갔다. 홍유릉의 오른쪽 산등성이 한적한 비탈길에 그녀가 고이 누워 있다.

　묘역은 다소 좁은 듯하고 봉분 뒤에는 흙으로 나지막하게 담장처럼 둘러쳐 놓았다. 잘 정돈된 잔디는 오월의 햇살을 받아 푸릇푸릇하다. 묘의 양쪽으로는 위치가 각기 다른 세호(細虎)가 새겨져 있는 망주석이 옹주를 지키고 있다. 작은 호랑이 두 마리가 땅의 기운이 올라가면 내려주고 기운이 내려가면 올려주는 역할을 한다고 한다. 그 중간쯤 세워져 있는 묘비에는 '대한덕혜옹주지묘'라고 반듯한 한문이 새겨져 있다.

　권비영 작가의 『덕혜옹주』 소설을 읽고 허진호 감독 작품의 영화를 보고난 후였다. 허구의 덧칠이 되어있다고는 하나 마음 한구석이 찌릿해지며 마치 덕혜옹주가 내 가족이라도 되는 양 물색없이 측은한 가여움에 한참을 서 있었다. 소설과 미디어의 힘으로 올해부터 일반인에게 묘지가 공개되어 이렇게 마주할 수 있게 되었다. 조선의 마지막 황녀를 많은 사람들이 기억할 수 있게 되어 참으로 다행한 일이다. 옹주도 그토록 그리워했던 아버지와 가족들 사이를 오가며 어린 날처럼 편안히 지낼 것이라 여겨진다.

 마음속으로 술을 한잔 정갈하게 올리고 고개 숙여 참배를 했다. 힘을 잃은 나라의 마지막을 살았던 왕족들의 역사가 파노라마처럼 펼쳐진다. 떠다니는 먼지처럼 잊혀질 뻔했던 덕혜옹주는 이제 더 이상 외로워하지 않아도 될 것 같다. 사랑하는 아버지 곁에서 많은 사람들의 기억과 관심이 오래도록 머물러 있을 테니까. 길을 내려오다 옹주가 정신이 맑을 때 썼다는 낙서 구절이 떠오른다. '나는 낙선재에서 오래오래 살고 싶습니다. 전하 비전하 보고 싶습니다. 대한민국 우리나라'

5부

눈물을 리필해 주세요

눈물을 리필해 주세요

 깊게 패인 아들의 주름진 얼굴을 부여잡고 가슴을 치고 있다. 기력 없는 울음을 토해내던 노모의 통곡에 함께 소리 내어 울고 말았다. 복숭아처럼 발그레했던 아내의 볼에 우물 같은 주름이 내려앉았다고, 고왔던 얼굴 어디 갔느냐며 어루만졌다. 구부정한 허리로 서로의 볼을 비비는 노부부의 거친 손등을 보며 또 눈물을 쏟았다.
 오래전 8월에는 세계의 이목이 온통 한반도의 두 나라로 집중되었던 역사적인 행사가 열렸다. 이산가족 이백여 명이 반세기 만에 혈육 상봉을 하게 된 일이다. 재회의 감격에 잠 못 이루는 행사 전 날 숙소의 표정부터 평양과 서울의 취재현장은 폭염의 날씨만큼이나 후끈 달아올랐다. 직접적인 연관이 없는 나조차 그 열기에 들떠 있었다. 잠깐일 줄 알았던 헤어짐이 50년을 넘고 보니 푸른 청년이었던 아들이 초로의 반백이 되어 나타났다. 짧은 만남을 아쉬워하며 다시 기약 없는 이별을 끝으로 통한의 눈물바다를 이루며 행사는 막을 내렸다. 며칠 동안 그들과 얼마나 눈물을 쏟았는지 하루는 귀가 먹먹했고 다른 날은 눈두덩이가 부어올라 눈 끝이 쓰리기도 했다.

분단으로 인한 생이별의 혈육만큼이나 나에게도 크나큰 이별이 있었다. 스무 살도 되기 전에 아무런 예고도 없이 아버지가 덜컥 세상을 뜨셨다. 막내임에도 아버지를 사랑하지 못했던 회한과 뼈까지 아파오는 후회로 목이 메여올 뿐이었다. 참으려 해도 영정 앞에 누가 절을 올리면 대신 울어주는 사람처럼 철철 눈물이 흘렀다. 지쳐서 넋을 잃고 기대앉은 어머니가 쉰 소리를 꺽꺽 내면 또 안쓰러워 울컥 쏟아지던 눈물이었다.

그때 살면서 흘릴 눈물은 내 몸속에서 다 빠져나간 줄 알았다. 그러다 불과 몇 년도 채 지나지 않아 마음으로 아끼며 그리워하던 첫사랑의 남자가 이별을 전해왔다. 홀연히 기차를 타고 멀어져갈 때 기찻길 위에서 고장 난 수도꼭지처럼 마냥 흘러내리던 눈물은 빈 철로에서 있어도 그치지 않았다. 호되게 앓고 난 후 다시는 울지 않겠다던 다짐이 무색하게 몇 년 만의 행사처럼 눈물은 다시 찾아왔다. 결혼을 하고 부산에 살 때였다. 바라만 보아도 닳을까 아까운 아들 녀석의 한쪽 눈에 이상이 왔다. 별처럼 초롱초롱한 눈동자가 간헐적사시라는 진단을 받았다.

수술을 해야 한다고 했다. 대학병원을 나와 아이를 업고 집까지 영도다리를 건너며 그 먼 길에다 울음을 뿌려도 끝이 없었다. 등 뒤에서 영문도 모른 채 업혀 있는 것이 신나서 녀석은 마냥 조잘거렸다.

하늘이 내려앉는다는 느낌을 그때 알 것 같았다. 어린 것이 수술대에서 놀라 무슨 일이 생기지 않을까. 수술이 한 번으로 잘 끝날 수 있으려나. 아이가 겪게 될 충격과 온갖 불안에 눈물은 쉴 새 없이 흘러내렸다.

살아오면서 이렇듯 큰일들로 흘리는 눈물이 아니라도 사소한 감정에서 오는 조그만 눈물까지 수를 헤아릴 수 없을 것이다. 사람은 알게 모르게 항상 눈물을 흘리며 산다고 했다. 사람이 일생을 통해 눈물이 가장 많은 시기는 열 살 전후인데 그 이후에는 갈수록 줄어 마흔 정도가 넘으면 거의 절반으로 줄어든다고 한다. 나이를 먹을수록 눈물이 약해진다는 것은 눈물의 양이 문제가 아니라 정서의 차이라는 분석도 있다. 어른이 될수록 신체적 조건이 아니라 감정을 억제하는 이성적 힘이 강해지기 때문일 것이다.

국문학 박사이신 서정범 교수의 '울어라 울어'라는 수필을 보면 눈물에도 기가 있어 아픔을 해소하는 하나의 치료라고 되어 있다. 분노로 흘리는 눈물에는 나쁜 성분이 섞여 있으며 슬프거나 기쁠 때 흘리는 눈물에는 수분의 양이 증가해서 인체의 기도 증폭되는 것이라고 한다. 내가 젊은 날 눈물을 아끼고 억제하지 않았기에 조금이나마 정신적 위안이 받았던 것이 아니었을까. 특히 사랑하는 사람과의 이별에서 흘리는 눈물은 다시는 그 사람을 볼 수 없다는 절망을 위로해 주기도 했다. 그 사람을 미워하지 않고 공감하려는 의미가 가득했으리라.

 눈물의 샘은 상대에게 못다 한 정을 보여주려는 사랑의 표시가 아닐까. 서로에게 보이는 눈물이야말로 인간관계에 더 없는 정을 나누게 하는 가교 역할이 아니겠는가. 슬픔에는 두 가지 종류가 있어 눈물로 덜 수도 있고 눈물로도 덜 수 없는 슬픔이 있다. 나이가 들어도 줄어들지 않는 감성을 간직하는 것은 삶의 소중한 엑기스이다. 조그만 아픔에도 눈시울을 적시는 사람과의 대화는 그 얼마나 따듯한 체온이 전해지겠는가.

 이 시대의 지성인 이어령 선생께서 영면하시기 한 달 전까지 죽음을 독대하며 써 내려간 마지막 글이 '눈물 한 방울'이다. 나에게 남아있는 마지막 말, 나와 남을 위해 흘리는 작은 눈물 한 방울에서 그는 세상을 위한 희망의 씨앗을 보았다고 했다. 탁월한 통찰력으로 끊임없이 문명의 패러다임을 제시 해오던 그가 출판 계획도 없이 내면의 목소리만으로 남긴 글이다. 항암치료를 거부한 채 마지막 남은 삶을 반추하며 자신의 친필과 손 그림을 그려 담았다. 함께 사는 세상을 위한 관용과 사랑을 그는 눈물 한 방울의 화두를 제시하여 그 흔적을 남기려 하였을까.

 잔잔한 눈물이 떨어지려 할 때면 애써 감추려 돌아서지 않을 것이다. 언제나 촉촉한 눈물샘이 마르지 않게 하려면 무엇으로 채워가야 할까.

낡은 트렌치코트

늦가을 런던의 거리 풍경은 잔뜩 찌푸린 날씨와 안개, 우울한 표정의 사람들로 가득하다. 로맨틱한 파리지엔과 선 고운 이탈리아 남성들도 더러 보이지만 그 속에서 유독 눈길을 끄는 사람이 있다.

흐린 하늘과 차가운 강을 배경으로 다리에 기대서서 책을 읽고 있는 트렌치 코트 차림의 멋진 영국 젠틀맨이다. 더블 단추에 넓은 칼라, 어깨 견장을 댄 정통스타일의 코트는 갈색머리와 잘 어울렸다. 캠브리지 대학의 강단에 서는 교수인가, 철학을 전공하는 학생인가, 그가 읽고 있는 책은 어떤 것일까. 실제의 그는 할 일 없이 거리를 떠도는 룸펜으로 여자 사진이나 들여다보고 있는지도 모른다. 다리난간에 서 있는 이유도 밤새 함께 시간을 보낼 파트너를 찾고 있는지도 모를 일이다. 최악의 경우 우울증 치료를 받고 있는 정신질환자일 수도 있다. 하지만 그를 지성적이고 섬세하며 멜랑콜리한 남자일 것이라고 한순간 주저 없이 단정 지을 수 있게 한 것은 단연 그 트렌치코트 때문이었다. 유명 패션 잡지의 트렌치코트 광고에 적혀있는 글이다.

오래전 가을 무렵에 내가 교수님을 처음 본 것은 대학가 근처에 살고 있을 때였다. 동네목욕탕을 다녀오다 우리 집 근처 좁은 골목길에서 교수님과 딱 마주쳤다. 그때 깊이 눌러쓴 잔 체크 무늬의 베이지색 베레모 모자와 옅은 카키색의 트렌치코트는 아주 잘 어울렸다. 나중에 알고 보니 근처에서 기 치료를 받으시느라 그 길을 다니신다고 했다. 첫 대면 때 언론에서 여러 번 접해서인지 낯이 익어 나도 모르게 인사를 꾸벅했다. 그것도 젖은 머리에 목욕바구니를 든 슬리퍼 차림이었다.

그 당시 나는 삼십 대 후반의 나이였고 트렌치코트 차림의 남자에게 높은 점수를 쳐 주던 시기였다. 영화를 많이 본 탓이기도 했으리라. 넉넉하고 부드러우면서 로맨틱한 분위기의 패션 감각까지 겸한다면 그 사람의 이미지관리를 인정한다고 할까. 교수님의 방대한 학식과 지적인 눈매에, 검정 뿔테 안경까지 합해져서 날카롭게 보일 수 있는 외모를 트렌치코트의 품이 넉넉한 여유를 안겨주었다. 원체 마르신 체형이라 교수님 몸의 세 배가량은 품이 넓어 보였지만 차가운 지성을 대변하는 코트를 어색함 없이 지배하셨다.

첫인상이 오래도록 지워지지 않아 나는 그 다음 해 학기 때 교수님 강좌에 등록을 했다. 교수님이 흩날리고 가신 늦가을의 트렌치코트 바람이 내가 그토록 염원했던 문학의 감성을 일깨워 주었다. 그 후 십여 년이 넘도록 그 트렌치코트를 소매 끝이 닳도록 즐겨 입으셨다.

언젠가 캠퍼스에서 온갖 단풍들이 제 빛깔을 밝힐 때 한층 더 멋스러워 보이는 교수님과 마주 앉았다. 매실차와 커피를 마시며 트렌치코트와 관련된 영화 얘기를 나눴다.

험프리 보가트와 잉글리드 버그만을 만인의 연인으로 만든 '카사블랑카'의 성공 뒤에는 트렌치코트의 힘이 있었다고. 또 독일과의 전쟁에 휘말린 런던이 배경이었던 영화 '애수'에서도 트렌치코트 한 벌이 영국 장교였던 로버트 테일러를 세계 여성들의 영원한 우상으로 만들었다고 했다. 교수님은 학자이면서 로맨틱 룩의 대명사인 트렌치코트를 어쩌면 그리 멋스럽게 장악을 하실 수 있는지 물었다. 내 질문에 "나는 항상 학문이라는 여성과 연애에 빠져 있지"라고 대답하셔서 또 한 번 교수님의 유머에 두 손을 들었다.

어느 날 그 멋스런 옷을 나도 입어보고 싶은 생각에 백화점으로 갔다. 다소 변형된 스타일이지만 초기 기본을 지킨 여성스러운 것으로 골라 입고 매장의 거울 앞에 섰다. 어색하고 부담이 느껴졌다. 좀 더 럭셔리풍인 싱글로 입어도 보았으나 내 옷이 아니었다. 나 자신이 코트를 걸친 것이 아니라 코트가 나를 짓누르는 듯한 중압감에 불편하기까지 했다. 코트에 딸린 남성적인 이미지의 견장 때문이었을까. 무슨 이유에선지 어울리지 않아 결국은 포기한 채 헹거에 걸어 두고 돌아온 적이 있었다.

사람에게는 각자의 취향이 있듯이 색깔이며 성향 또한 다 다르다.

교수님의 인품에 버금가는 트렌치코트가 내게도 어울릴 것이라 생각한 것은 오만이었다. 누구나 어울리는 옷이 아니라 누구에겐가 어울리는 연륜과 많은 내공이 합쳐진 인격의 컬러를 대신하는 상징물로 내게 부각되었다.

   교수님이 떠나신지 몇 해가 지나고 있다. 다시 가을은 어김없이 돌아왔다. 가을이면 사람들은 지치지도 않고 트렌치코트 차림으로 거리를 누빌 것이다. 그 속에서 내가 그리워하는 낡은 트렌치코트를 만날 수가 있을까.

쉬어간들 어떠리

　휴휴암(休休庵)을 찾아가는 길은 왼쪽으로 쭉 바다를 끼고 있는 해안도로에서 부터 시작된다. 동해를 향해 직진하다가 주문진이 지나자마자 작고도 아담한 표지석이 나타나면 그 길로 접어들어야 한다.
　내리막길을 따라가면 시원스레 펼쳐진 바다를 앞에 두고 창건한지 오래되지 않은 절집이 고운 자태로 자리 잡고 있다. 우선 눈에 띄는 것은 방문객들이 소원을 빌며 직접 타종을 할 수 있는 범종각이다. 그 아래로 한여름에 한껏 봉우리를 펼친 연꽃들이 줄지어 피어있는 연못이 오가는 사람들의 시선을 붙들고 있었다.
　모퉁이 계단을 딛고 내려가면 편편한 마당에 뒤로는 숲을 지고 앞은 바다를 향해 바라보고 있는 암자가 있다. 대웅전 법당으로 가서 예의를 표하고 나오는데 문득 '잘 오셨습니다'라는 답례와 함께 향내가 코끝을 스쳐갔다. 발걸음을 재촉하여 꼭 보고 싶었던 그곳을 찾아 가파르고 좁은 돌계단을 한 바퀴 돌아 해변가로 내려갔다. 절집을 받치고 있는 암벽과 큰 바위들이 에워싸인 좁은 틈 사이로 밀려들어온 바닷물이 미세한 파도를 일으키고 있다. 고운 모래가 있어 마치 작은 해수욕장을 연상하게 했다.

그 속에서 몇 사람이 윗몸을 드러내고 물놀이를 즐기고 있어 사찰 주위에서는 보기 드문 풍경이었다. 모래사장까지 내려왔지만 찾는 것이 보이지 않아 주위를 살피는데 누군가 "저 쪽이다" 해서 고개를 돌렸다. 나무로 만든 길 너머로 조그만 섬 같은 거대한 너럭바위에서 사람들이 움직이고 있었다. 바위는 세월을 거친 흔적이 역력하다. 파도가 쉬지 않고 쓸고 다듬어 놓아 조그만 마당처럼 평지가 되어 있었다. 해변에 드리워진 너래 바위는 반석이 연밥같이 파여 있다.

파도가 치면 바위 위로 물이 뺑 돌아서 부딪치는 것이 마치 하얀 연꽃이 피어있는 모습과 같아서 연화대라 부른다. 아침 일찍부터 내리던 비가 그쳤지만 뿌연 날씨 탓에 자세히 눈에 잡히지 않았다. 천천히 온 마음을 모아 지켜보니까 과연 바닷물이 철썩거릴 때마다 반듯하게 누워 있는 부처 형상의 바위가 모습을 드러내고 있었다. 짙은 암갈색을 띤 얼굴은 아주 편안한 자세로 누워 하늘을 바라보고 있다. 여러 사람들이 그쪽을 향해 두 손을 모아 허리 굽혀 절을 하기도 하고 물고기를 방생하기도 했다. 무엇인가 간절히 기도하는 그들의 염원이 절실해 보였다.

휴휴암은 아담하고 소박한 어촌마을 포구가 너무도 아름다워 십여 년 전에 홍법 스님이 창건하였다 한다. 이곳에서 관세음보살에게 천일기도를 드리던 중 맑은 날 한곳에서 무지개가 아침과 저녁나절에 자주 떴다고 했다. 기이하여 그곳으로 가서 자리를 살펴보니 부처형상의 바위가 누워있었다. 해수관음상과 흡사하여 그 바위를 나투신 관세음보살이라 칭하여 경배의 대상으로 삼았다고 한다. 소문이 퍼져 이곳 휴휴암은 일약 관음성지로 알려져 사람들의 발길이 끊어지지 않고 있다.

몇 해 전 지인의 가족 사십구재를 이곳에서 올렸다. 본가가 대구라고 했는데 그곳의 수많은 사찰을 두고 이 먼 곳까지 정했을까 물었더니 어머니의 뜻이라고 전해 들었다. 아마도 자식이 먼 세상에서 조금이라도 외롭지 않도록 바다를 벗 삼아 편하게 살라는 심정에서 천 리 길도 마다하지 않았을 것이다. 여군 장교 출신으로 젊고 유능했던 딸을 뇌종양이라는 병마로 앞세워 보내야 했던 노모의 절절함이 싸아하니 파도처럼 전해져 온다.

휴휴암의 의미는 쉬고 또 쉬어가라는 뜻이다. 하물며 얼마 전 기사에서 수천 마리의 물고기 떼가 연화대 주변으로 모여들었다고 했다. 그때부터 시작되었는지 수가 더욱 늘어나 보기 드문 풍경이다. 거칠고 큰 파도에도 아랑곳없이 흩어지지 않고 바위틈에서 숨었다가 햇살이 나면 어김없이 다시 나타나 물고기가 노닐고 있다. 한곳에 모여 자리를 옮기지도 않고 그 자리에서 반복하는 놀이를 하는 것처럼 고정된 몸짓이다. 인간이 실천하지 못하는 쉬어감의 미학을 물고기들이 행하고 있지 않은가. 깊은 바다 위에 부표처럼 떠있는 바위마당에 서서 여유롭게 놀고 있는 작은 물고기 떼가 마냥 한가롭게 보여 눈길이 떨어지지 않는다.

갑자기 흐리던 하늘에서 기어코 비를 쏟아 내었다. 후다닥 손수건으로 머리를 가리며 바위에서 내려와 해변가 모래사장에 펼쳐놓은 파라솔 아래로 몸을 피했다. 여전히 물놀이를 하는 사람들은 세찬 비에도 아랑곳하지 않고 둥실둥실 파도를 타며 즐기고 있다. 자연의 순리와 그 가치를 알고 생명을 사랑하는 마음으로 휴휴암에서 쉬어가기를 바라는 것이 홍법 주지 스님의 뜻이라 했다. 그 뜻을 기려 한낱 돌덩어리에 불과한 관세음 바위에 생명을 불어넣고 예를 올리며 정성을 다하는 것일까.

마음을 내려놓고 홀가분하게 비우는 편안한 휴식을 가졌다면 살아가는 동안 찾아올 또 다른 시작이 여유롭지 않을까 싶다. 모래 위의 발자국이 패이도록 비는 그칠 줄 모르고 뿌려 댄다. 이 또한 일상으로 바삐 돌아가려는 나의 발목을 붙들어놓는 빗발이 아니던가. 잠깐 동안이라도 바다내음 속에 푹 빠졌다가 돌아가라는 휴휴암의 깊은 뜻이리라.

비가 오신다

 두 발을 곧추세운다. 곡예를 하듯 올라 주봉에 다다랐다. 희뿌연 안개 속에 갇힌 도시가 한눈에 들어온다. 아침부터 흐리던 날씨가 비구름을 잉태해 출산 직전의 산모처럼 얼굴을 잔뜩 찌푸리고 있다.
 자주 등반하는 수락산이지만 이번에는 코스를 달리 잡아 장암역에서 내려 하촌 마을로 접어들었다. 일요일이라 북적대는 인파를 피하기 위해 매월당 김시습을 추모하던 청풍유원지를 지나자마자 좌측으로 돌았다. 곧바로 가파른 길로 올라가면 까마득한 석벽과 암반을 그대로 만난다.
 몇 달째 계속되는 가뭄으로 농민들의 애간장을 숯덩이로 만들더니 오늘 드디어 우신(雨神)이 거동을 하실 모양이다. 함께 간 일행과 정상에서 중턱쯤 내려와 편편한 곳을 찾아 자리를 깔았다. 곧 비가 내릴 것을 대비하여 빨간 색깔로 된 방수천막을 꺼내들었다. 네 귀를 맞추어 나무 허리에 팽팽하게 당겨 묶었다. 준비해 온 점심을 꺼내고 막걸리를 한잔 따르는데 짙푸른 나뭇잎 사이로 빗방울이 후두둑 떨어졌다. 오늘쯤 비가 올 것이라는 일기예보가 있었지만 가뭄에 애태우는 농민들이 정성들여 지낸 기우제(祈雨祭)덕분이 아닐까 하는 생각이 든다.

수리시설이 부족했던 옛날일수록 비는 농민들의 생사를 좌우했다. 비를 오게 하는 것은 사람의 능력을 벗어난 일이기도 했다. 최첨단의 문명으로 살아가는 지금도 사람이 할 수 있는 일이 별로 없어 보인다. 그러니 하늘만 바라보고 농사를 지어야 했던 그 옛날에는 지금보다 더 애가 탔을 것이다. 오죽했으면 옛 어른들은 '비가 온다'라고 하지 않고 '비가 오신다' 라고 했을까. 비가 오기를 바라는 기우제는 간절히 빌면 그 바람이 하늘을 감동시킬 것이라 믿는 옛사람들의 순수한 기원이다. 민간신앙으로 내려져 오는 경우가 대부분이므로 나름대로의 독특한 방법들이 행해지고 있다.

나는 유독 옛 아낙네들의 역할에 관심이 끌린다. 방아와 솥뚜껑을 훔쳐 오는 것, 키로 물을 뿌리는 행위 등 모두 여자들이 하는 일이다. 이는 비가 오지 않는 것이 음양의 조화라 여겼기 때문이 아닐까. 여자들이 음양의 음에 속한다는 믿음에서 시작됐으리라. 동네 아낙들이 목욕재계한 후에 키를 들고 마을 앞쪽에 있는 개울의 다리 위에서 덩실덩실 춤을 추며 개울물을 키질하기도 했다. 또 그것을 머리에 이고 흘러내리는 물에 몸을 적셨다고 하니 과연 그 해학적인 풍경은 마치 한 폭의 고서화를 보는 듯하다.

비슷한 행위는 비슷한 결과를 낳게 한다는 믿음에서 물동이를 이고 산봉우리에 올라가 물을 쏟아붓는 유사행위를 한다. 산꼭대기에서 일제히 오줌을 누기도 하고 요염하게 차려입은 여자에게 음탕한 춤을 추게도 했다. 속옷을 들춰 보이는 등 모두 여자들이 하는 일이다. 이러한 행동들은 음기인 여자로 하여금 양기인 하늘을 유혹하여 비를 내리게 한다는 유래에서 나온 것이라 한다. 아낙네들의 열성이 하늘에 닿은 듯 기우제가 끝나면 거의 비가 내렸다고 하니 과연 천신(天神)의 바람기가 짓궂다.

조금씩 내리기 시작한 빗방울이 점점 가늘어지자 나는 갑자기 애가 탔다. 더도 덜도 말고 농부들의 논과 밭이 해갈이 될 만큼만 시원하게 내려주기를 바라는 마음이 일었다. 비록 치마저고리를 입고 형식을 갖추지는 않았으나 옛 아낙이 되어 보기로 했다. 현재 산봉우리에 앉아 있고 몸은 적당히 비에 젖어있으며, 또한 올 봄에 이곳 산신제에 참석해 절까지 올렸으니 이만하면 자격 미달은 아닐 것이다. 때마침 요의를 느낀 터라 슬그머니 바위틈에 숨어 옛 아낙네의 흉내를 내어보았다.

키를 들지 않았지만 나뭇가지를 손에 쥐고 빗방울을 튕기면서 랄랄라 노래를 하고 춤을 추며 내려왔다. 산속 깊은 곳에서 "꾸욱 꾹" 산비둘기 소리까지 마치 화답하는 듯하다. 함께 간 일행 중 그 누구도 오늘 촉촉이 내리는 이 비에 내가 정성 한 줌 보탰다는 것을 모르리라. 그런데 나의 유혹에 못 이긴 천신께서 홍수라도 나게 하시면 어떻게 하지.

옷을 벗는 다리

해마다 칠월이면 경희대학 정문에서 문우들과 만난다. 모두 서정범 교수님께 수필을 배웠던 제자들이다. 떠나신지 한 해가 지났을까 했던 것이 벌써 올해가 영면하신지 6주년이 되었다. 오늘도 빠짐없이 모여 추모식을 위해 찜통처럼 푹푹 찌는 무더위에 충북 음성으로 출발했다. 매년 쏟아지는 빗속에 희뿌연 안개까지 동반했던 적이 많았다. 도착할 때까지 걱정을 했는데 묘지에 도착하면 거짓말처럼 날이 개어 안도의 숨을 돌리곤 했다. 올해는 이른 아침인데도 길을 나설 때부터 후덥지근하였지만 더없이 청명한 하늘을 따라 가벼운 발걸음으로 도착했다.

교수님의 애제자로 병석에 계실 때도 정성을 다 했던 김주안 편집장이 평소 즐겨 드셨던 와인을 준비 해와 상석에 두고 잔에 따라 헌작을 했다. 미리내 문학회 회원들의 근래 작품집 두 권을 붉은 와인 잔 옆에 나란히 세워두었다. 총무가 카카오 단체 톡에 사진을 올려 예쁜 것으로 골라보라 했던 꽃이 보였다. 생동감이 있어 생화처럼 보이는 조화를 양쪽에 자리 잡은 석병에 꽂았다. 화려한 꽃과 줄기를 곱게 펴 놓으니 강렬한 햇빛과 함께 묘지 주변이 환해졌다. 돗자리를 깔고 생전에 듬직해 하던 맏사위까지 참석하여 따님과 제자 몇몇이 숙연하게 묵상을 하며 추모식을 시작했다.

 봉분은 작년에 틈틈이 갈라져 있던 띠들이 곱게 자리를 잡아 초록색 옷을 입으신 듯 생전의 모습처럼 깔끔하고 단정했다. 뜨거운 땡볕 아래 등짝이 뜨끈해 지면서 땀이 송글송글 맺혔다. 오늘처럼 무더웠던 날, 교수님과 도봉산 망월사까지 등산하던 지난날이 떠올랐다.

 몇 년 동안 매주 금요일이면 '오전 10시 회기역'으로 산에 갈 사람 모이라고 공지를 하셨다. 따로 전화도 하지 않고 누가 모이던, 몇 명이 되던, 항상 그곳에서 출발했다. 나는 특별한 일이 없으면 간식을 준비해 꼭 참석을 했다. 망월사 전철역에서 내려 교수님이 앞장을 서서 빠른 걸음으로 이십 여분을 걸으면 첫 쉼터인 돌다리가 나온다. 산벚꽃나무 그늘 아래 다리 난간 위에 쭉 걸터앉으면 머리 밑에서 땀이 배어나오는 곳이다. 그곳에서 겉옷을 벗고 모자를 벗어 머리를 식힐 때면 교수님은 늘 가방 속에서 배즙 한 개씩을 나눠주셔서 목을 축이곤 했다.

 첫 쉼터인 그 돌다리를 '옷을 벗는 다리'라 이름 지었다. 물론 점퍼만을 벗는 곳이지만 여기서부터 산으로 올라가는 길에서는 잡다한 모든 생각을 다 벗어버리자는 의미를 담고 있었다. 이 시간만큼은 남편과 자녀만을 챙기는 가정주부의 일상을 던지고 오롯이 자신에게 몰입하라는 무언의 메시지를 주려하셨을까.

올라가는 길에 하산하는 등산객들이 교수님을 알아보고 반갑게 인사를 하면 일일이 답례를 해 주셨다. 망월사에 도착하면 차려드린 점심을 맛나게 드셨다. 공양주 할머니가 만드신 음식이 입맛에 잘 맞다 하시며 누룽지까지 챙겨 드실 정도였다. 공양주와는 차를 함께 드셨는데 가끔은 기를 받도록 기공을 해주시고 산 아래와 산 위의 세상사 담소도 나누었다.

자그마한 체구를 가진 공양주 할머니께 젊어서는 마을총각들에게 인기가 참 많았겠다고 농담을 던지면 "말도 못 했지요"라고 받아치자 "벙어리였나 말을 못 하셨게"라고 하여 할머니 얼굴이 발그레해지기도 했다. 옷을 벗는 다리에서 교수님도 다 버리고 올라오셨는지 소년 같은 웃음을 지으며 절간 마루에서 잠시 낮잠을 즐기시기도 했다. 검은 뿔테 안경 너머로 위엄어린 눈빛이 번쩍거리지만 사람들을 대할 때의 편안한 유머와 소탈함은 산속의 큰 너럭바위와 다를 바 없었다.

잠시 옛 생각에 빠져 있는 동안 교수님 작품 중 '물 사발에 앉은 나비'를 낭독하는 내 차례가 왔다. 일찍 여의신 어머니가 나비로 환생하여 아들 곁에 오신 것이 아닌가 하는 내용이다. 평소에 어머니를 얼마나 그리워하셨는지 짐작할 수 있다. 유난히 나비에 관한 애정과 작품이 많아서일까. 낭독이 끝나자 일행 모두 깜짝 놀랄 일이 눈앞에 펼쳐졌다. 나비 중에서도 꽤나 큰 흑나비 한 마리가 따라놓은 와인 잔에서부터 봉분 위를 팔랑팔랑 날아다니고 있지 않은가.

주위를 둘러보니 다른 묘지 주변에는 나비가 보이지 않았다. 그 순간만큼은 마치 우리를 맞이하는 나비가 되어 반가움으로 날아오신 것이 아닐까 하는 착각이 들었다. 눈물이 핑 돌았다. 아직도 못다 내린 무거운 짐이 있으신 것일까. 다 내려놓고 옷을 벗는 다리에서 쉬어 가셨듯이 저 나비처럼 자유롭게 훨훨 날아다니시기를 바랄 뿐이다. 돌아오는 길에 잠시 폭우가 쏟아지고 날이 금방 개었다. 나비와 비를 사랑하신 교수님이 오늘은 나비와 비가 되어 또 우리를 그리움으로 남게 하신다.

노인의 선물

집 앞 베란다에는 유난히 볕이 따사로워 화초가 잘 자라는 편이다. 그 중에서도 손이 닿으면 금방이라도 물기를 내뿜을 것 같은 야생란 한 뿌리가 제 몫을 톡톡히 하고 있다.

난을 보고 있으면 이 꽃을 선사해준 산장의 노인이 떠오른다. 몇 년 전 시월에 직장 동료와 함께 가을의 꽃인 억새를 보려 길을 나섰다. 산행하기 위한 차림으로 포천에 위치한 명성산을 찾았다. 가는 날이 장날이라고 군부대에서 사격훈련을 하는 날이라 입산을 금지한다는 팻말이 떡 하니 우리를 가로막았다.

순간적으로 안타까운 한숨이 나왔다. 아침 일찍 준비를 하고 길을 나선 정성이 물거품이 되는 순간이었다. 등산로 초입에 위치한 허름한 산장으로 요기나 할 생각으로 들어갔다. 한 노인이 우리를 맞이했고 산에 올라가지 못하는 아쉬움이 전해졌는지 그곳 주민들만 알고 있다는 샛길을 친절히 알려주었다. 사람들의 인기척 하나 없는 산길을 조심히 올라 정상에 도달하니 굽이굽이 융단을 펼쳐놓은 억새능선이 한눈에 들어왔다. 몰래 올라온 산정상이어서일까. 비밀스레 만난 억새의 춤사위가 더욱 신비스러워 보였다.

 내 키의 두 배나 됨직한 긴 억새 군락이 간간이 불어오는 산바람에 몸을 실을 때면 기슭 아래 호수의 초록 물빛도 함께 흔들리고 있었다. 노인의 배려로 가을빛에 물든 억새군락의 향연을 즐긴 후에 무사히 산행을 마치고 내려왔다. 산 입구를 지키고 있던 병사들이 의아한 표정을 지었다. 살짝 미소를 지어 보내고 가벼운 걸음으로 다시 산장으로 들어갔다. 노인은 금지된 산의 험한 길에 올려 보내놓고는 노심초사하셨던지 마치 집 나간 자식을 반기는 양, 한걸음에 맞아주었다.
 꼭 친정집에 온 것 같은 편안한 마음으로 마루에 걸터앉았는데 어느새 손수 만들었다는 도토리묵을 양념에 무쳐 양푼째 들고 나왔다. 그 맛깔스럽고 쌉쌀하면서 간이 딱 맞는 손맛에 깜짝 놀랐다. 입을 다문 채 노인의 얼굴을 올려다보았다. 일흔을 훌쩍 넘겼다는 말이 믿어지지 않을 만큼 젊은 사람 못지않은 활기가 느껴졌다. 마당을 둘러보자 토종닭들이 한가롭게 떼 지어 다니고 텃밭에는 갖가지 채소들이 가을 햇살에 제 몸을 반짝이고 있었다. 낮은 담 위에는 밀가루를 묻혀 쪄낸 고추가 소쿠리에서 잘 마르고 있었다. 여기저기에 야채를 썰어 담아 말리는 것을 보니 벌써 겨울을 위한 준비를 부지런히 하시는 듯했다.
 붉은 기와지붕의 나지막한 산장은 노인이 끓여 주는 한잔의 커피 향기로 가득 찼다. 겨울이면 눈 덮인 산이 더 절경이라며 언제든지 따듯한 온돌방을 내어 주겠다는 노인의 소탈한 웃음소리에 벌써 그 온기가 전해져 왔다. 자식들을 다 서울로 내보내고 산 입구 매표소 일을 하는 할머니와 단둘이 산다는 노인의 산장은 산을 찾는 등산객에게 편안한 쉼터가 되어주고 있었다. 억새꽃 축제 행사 때는 젊은이도 숨이 가빠 오르기 벅찬 정상을 하루에 두세 번씩이나 오르내리며 일일이 명성산의 지도가 인쇄된 기념 손수건을 나눠준다고 했다.

산의 약도가 새겨진 주황색 손수건을 하나씩 건네받아 목에 두르며 산에 대한 이야기가 이어졌다. 한창 때 할머니가 일을 끝내고 돌아오셨다. 짙은 호랑이 눈썹에 검게 그을린 자그마한 체구의 노인과는 달리 할머니는 후덕한 인상에 넉넉한 몸집이었다. 그래서인지 좀 전에도 보았던 사람처럼 금세 끈끈한 친밀감이 느껴졌다. 할머니는 집 주위를 돌아보며 할 일을 찾는 것처럼 보였다. 해거름인데도 속이 꽉 찬 배추를 김장 때 쓸 거라며 널부러진 잎을 모아 끈으로 동여매는 작업을 시작했다.

그 빠른 손놀림 못지않게 노인도 벌떡 일어나 말리는 고추며 도토리를 재빠른 걸음으로 집안에 옮기기 시작했다. 마치 도토리처럼 알콩달콩하게 보이기도 하고 역할분담을 하는 소꿉놀이를 보고 있는 것 같아 절로 웃음이 나왔다. 할머니의 질투 어린 시선에도 개의치 않고 찬바람이 불면 옮겨 심어야 한다는 야생란 한 포기를 텃밭에서 캐어오셨다. 명성산 기슭에서 잘 자란 난이니 소중히 키워보라며 비닐에 싸서 손에 쥐어주었다.

어느덧 도심지의 한 집안에서 꿋꿋하게 뿌리를 내렸다. 삼 년이 지나자 푸른 기운이 절정에 달하더니 드디어 고운 꽃을 피워 올렸다. 얼마나 기특하고 대견한지 코끝에서부터 진한 향기가 풍겨오는 꽃송이를 볼 때마다 노인의 훈훈한 웃음이 떠오른다.

보리 안 패는 삼월 없고 나락 안 패는 유월 없다는 속담이 있다. 모든 일에는 때가 있고 계절은 어김없이 돌아온다는 뜻을 비유하는 말이다. 자연의 순리대로 해를 거듭 보내다 보면 나도 어느새 노후를 맞이할 날이 오게 되리라.

장수시대에 접어든 만큼 바람직한 노년을 보내려면 어떻게 살아야 하나 잠시 생각에 젖어들기도 한다. 도시에서는 다양한 취미활동으로 여가를 즐기며 노년을 보내는 반면 가난하고 병든 이웃 또한 있을 것이다. 도시의 노인들 문화와는 거리가 멀지만 계절마다 옷을 바꿔 입는 산속의 노인이 여유로워 보인다. 그 산에 찾아오는 말동무에게 온정을 베푸는 노인의 풍요로운 삶은 그 어떤 젊음보다 값진 것 같다.

한 식구가 된 야생란이 자그마한 몸뚱이로 연보랏빛 꽃을 한꺼번에 대 여섯 송이를 터뜨리고 있다. 마치 하늘에 뿌려놓은 불꽃놀이를 보듯 그 화려한 자태와 강렬한 향기에 놀라움을 감추지 못한다.

어쩌면 산장의 노인이 나에게 선물로 준 것은 낯선 곳에서 물기를 머금어 꽃대를 키워 올리는 저 난의 힘찬 열정이 아니었을까

수확의 의미

친구에게 방울토마토 몇 그루와 고추, 쌈 야채, 여러 모종을 사서 안겨 주었다. 상추라도 한 잎 맛볼 수 있을까. 내심 미심쩍었지만 모처럼 소일거리를 찾아 주말농장 일에 들떠있는 친구에게 내색은 하지 않았다. 한 달 남짓 지나자 푸릇푸릇한 쌈 야채들을 거짓말처럼 한 아름 안고 왔다. 토양이 좋아서일까. 날씨가 도운 것일까. 야속한 주인의 손길을 포기하고 스스로 자생한 것일까. 두어 번의 발걸음에 호스로 물만 뿌려준 결과치고는 놀라운 수확물이었다. 장마가 시작되자 하루 종일 비가 오기 시작했다. 작물이 다 떠내려가면 어쩌나 농장 걱정을 해도 친구는 별 대꾸가 없다. 그러던 어느 날 부리나케 달려와서는 "야! 쑥갓에 꽃이 피었더라, 얼마나 예쁜지 몰라." 촬영해온 영상을 보여주었다. 잡초 속에서 쑥갓은 어른 종아리 높이만큼 자라 구절초 같은 하얀 꽃을 줄지어 피워 내었다. 친구는 누구도 못한 일을 자신이 마치 해낸 것처럼 만면에 웃음을 띠우며 신기해 했다.

게으름도 때로는 느림의 미학이라 하루를 바쁘게 파닥거리는 나와는 달리 친구는 늑장을 부리면서도 긴 밭떼기 한쪽을 꽃 천지로 탄생시켰다. 옆 고랑 주인들도 밭의 새로운 풍경에 감탄을 한다. 올 한해가 다 가도록 쑥갓의 풍미는 즐기지 못할 것 같다. 그러나 눈으로 호사를 누릴 수 있게 되었으니 낭패를 본 농사라고만 할 수 없다. 수확의 참 의미가 무엇일까 다시 생각해 볼 사건이었다.

꽉 찬 포도알처럼

　여름이 한창일 때 대부도의 한 포도농장을 찾아갔다. 시를 쓰는 젊은 영농인이 경영하는 농장에 일손이 부족하다는 소식을 듣고 선배 문인들과 함께 도와주게 되었다.
　작업복으로 갈아입고 이 고랑 저 고랑으로 나뉘어져 채 여물지 않은 애송이포도를 봉지로 싸는 일을 시작했다. 사각으로 접힌 항균 봉지는 농약의 직접적인 흡수를 여과시키고 바람과 비와 강한 햇빛으로부터 포도를 감싸 잘 익게 해주는 보호막이라 한다.
　포도알이 굵어져도 서로 부딪치지 않게 넉넉한 공간을 두어야 한다. 비바람에도 종이가 풀리지 않게 봉지 꼭지에다 매듭을 꽁꽁 잘 묶어주는 작업이었다. 밭고랑에서 애송이 포도를 봉지에 싸려고 나무에 키를 맞출 때였다. 머리를 수그리며 새파란 포도알을 보는 순간 아들의 얼굴이 떠올랐다. 그 즈음 아들 녀석에 대해 조금은 방관하고 있었던 때라 뭔지 모르게 가슴을 훑고 지나가는 통증을 느꼈다. 고집스럽기는 해도 예쁘게 잘 자라주었는데 녀석이 갑자기 컴퓨터 게임에 빠져든 것이다.

　요즘 아이들에게 흔한 일이라지만 심각할 정도라 속수무책이었다. 게임에 열중하는 녀석의 얼굴을 보고 있으면 가슴이 답답했다. 한창 성장할 시기에 골격 형성은 어떻게 되며 쏜살같이 움직이는 모니터의 물체만 주시하느라 저 눈의 시력은 또 어떻게 될 것인가. 바깥을 통 나가지 않으니 계절의 흐름이나 알 수 있을까. 마치 해로운 약을 먹고 있는 듯 걱정이 되어 윽박지르기도 하고 달래도 보았지만 힘에 부쳤다. 아이에게 쉽게 지쳐 버리면서 어린 포도알을 감싸주는 일을 한다는 것이 부끄러웠다.

　여름이 가기도 전에 영글지 못하고 바닥에 떨어져 버린 포도송이를 바라보았다. 성숙하지 못한 내 자신을 자책하게 되었다. 농장에서 돌아오는 길에 내내 녀석의 표정이 눈에 밟혔다. 아이에게도 봉지에 싸여 탐스럽게 영글어 갈 애송이 포도와 그 포도가 여름날의 뜨거운 햇살에 튼실하게 익어가는 자연의 소중함을 보여주고 싶었다. 무엇이건 빨리 싫증을 내고 참을성이 없는 아이에게 자연과 친할 수 있는 신나는 취미가 어떤 것이 있을까.

　궁리를 하다가 어릴 적부터 아이가 좋아하던 자전거를 권해 보았다. 뜻밖에도 아이는 산악용 자전거 동호회(MTB)에 흔쾌히 가입을 했다. 여러 형들과 어울려 시골길을 달리면서 흙냄새도 맡아보고 길가에 피어 있는 코스모스도 보았다며 표정이 밝아졌다. 높은 산에서

울긋불긋 물들기 시작하는 단풍나무를 보며 자전거를 타고 산길을 내려온 이야기를 할 때면 가슴이 벅찬지 녀석의 목에 불끈 힘줄이 솟기도 했다.

아이가 차츰 컴퓨터에 앉아 있는 시간이 줄어들고 자전거에 취미를 붙일 무렵이었다. 두 달 만에 다시 포도 농장에 갔다. 이번에는 포도의 수확을 돕게 되었다. 한여름에 태풍을 맞아서인지 포도나무 잎사귀는 금방 바스라질 듯 누렇게 빛이 바래있었다. 나무는 결실의 때를 맞아 제몫을 다 해낸 뒤의 힘겨운 모습이었다. 그러나 수확을 기다리며 주렁주렁 흰봉지 옷을 입은 채 달려있는 포도송이는 마치 사월 초파일의 엄숙한 연등 행렬을 보는 듯했다.

가위로 한 송이를 잘라 조심스럽게 봉지를 뜯어보았다. 그 속에는 새파랗고 여려서 풋내가 나던 어린 알갱이가 어느새 굵직한 몸집을 가진 새까만 포도알로 가득 차 있었다. 한 알 입에 넣는 순간 혀끝에 감도는 속살은 달콤하고 짜릿한 자연의 생생한 맛이었다. 자연의 위대함과 농부의 땀방울, 포도나무의 자생력이 합쳐진 삼박자의 의미가 몸으로 고스란히 전달되었다. 마침내 때가 되었다는 릴케의 '가을날' 시 한 구절이 떠오르는 순간이었다. 저녁에 돌아와 농장에서 일한 선물로 받은 포도를 대바구니에 가득 내놓았다. 아들 녀석이 유난히 포도알을 집으며 좋아한다.

터질 듯한 알맹이 하나를 뚝 떼더니 침이 마악 넘어가는 소리로 "엄마가 따온 거야?" 하며 연신 쪽쪽거리며 먹어댄다. 포도를 입안에 담는 모습을 보다가 내 아이도 저 포도송이와 같이 잘 영글어준다면 얼마나 좋을까 하는 생각이 들었다.

포도는 생기 있게 뻗어나가는 덩굴이 용의 수염을 닮았다고 하여 큰 인물의 잉태를 뜻한다. 또 한 가지에 많은 열매를 맺기도 해서 풍성하고 넉넉함을 상징하기도 한다. 토양을 가리지도 않아 어디서든 잘 자라는 편이다. 특히 겨울철에는 특별히 보호하지 않아도 얼어 죽지 않고 설사 죽었다 하더라도 다시 살아나는 성스러운 나무로 강인한 생명력을 가졌다. 어느 과일보다도 영양분이 풍부하고 쓰이는 부분도 월등하다.

내 아이도 이러한 포도의 다양한 기운처럼 여러 방면에서 꼭 필요한 사람이 되어 주었으면 하는 바람이다. 유리잔에 핏빛으로 출렁이는 포도주의 달콤한 맛처럼 사랑을 베풀 줄 알았으면. 빠져나올 틈도 없이 꽉 찬 포도알처럼 녀석도 알알이 잘 여물어 주었으면 좋겠다.

농장 일을 도와준 것은 단맛이도는 포도뿐만 아니라 아이에게는 결실이라는 선물을 알게 해주었다. 나에게는 조금이라도 성숙한 모성을 가르쳐준 또 다른 수확이었다.

내년에는 자전거를 탄 아이와 함께 포도밭에 서고 싶다. 길게 넘어가는 서해의 붉은 일몰을 바라보며 새까맣게 익어가는 포도의 달달한 소리를 들어볼 수 있을까.

서평

<송정자론>

<송정자론>

절미絶美한 정서의 인스피레이션과 회복의 전환 크로노토프

권 대 근
문학박사, 대신대학원대학교 교수

Ⅰ. 로그인

 '누구나의 문학'이 아니라 '누군가의 문학'이 된 작품은 그 절실한 울림으로 말미암아 심미적 취향을 가진 평론가의 비평본능을 자극한다. 송정자는 수필이 희망만큼 간절하고 절실한 작가가 아닐까. 사랑이라고 하는 절대절미한 정서를 생성시킬 뿐만 아니라 한밤의 허리가 겨워지도록 홀로 앉아 고독을 즐기는 작가다. 인간적인 유대가 확인되는 따뜻한 심성의 여인이고, 모든 사람들에게 기쁨과 설렘을 주는 활력의 작가다. 인생을 칼칼하게 씻어내는 힘의 작가, 골 깊은 고독을 해독할 수 있는 강인한 작가다. 나는 왜 '송정자 수필'에 강하게 끌리는 걸까. 그 이유를 간단히 설명하자면, '작수필유법불가 무법역불가'라는 말을 언급하지 않을 수 없다. 송정자의 수필은 '필유사성

필유사기'라는 수필시학으로 분석이 가능한 작품들의 집합체라는 것이다. 다시 말해 송정자는 '제재를 통해 주제를 겨냥한다'는 본격수필시학의 관점에서 문학적 성취를 일구어내었다는 점이다. 평자는 부지불식간에 한 권의 수필집을 읽어내면서 송정자 수필은 본격수필이라고 명명할 수밖에 없다는 결론에 도달하게 되었다. 게다가 나는 그녀가 확장해나가고 있는 전이시학과 중층구조에 주목하지 않을 수 없었다. 따라서 몇 편의 작품을 중심으로 송정자의 작품세계를 치유시학의 측면에서 고찰하되 완벽한 크로노토프를 갖춘 한 작품 <갓 구운 새벽>을 집중분석해 보기로 하겠다.

Ⅱ. 송정자의 수필세계

필자는 수필의 참신한 맛은 낯설게 보기와 개성적 묘사에서 우러난다는 믿음을 가지고 있다. 체험의 나열화로 얻는 일상적인 느낌보다는 제재의 의미화를 통한 미적 형상화가 주는 참신함이 더 수필적 감흥을 불러온다는 것이다. 따라서 수필의 특성도 체험보다는 인식에 초점을 맞출 때 더 문학적 향취를 거둘 수 있다. 송정자 수필은 본 것, 느낀 것만으로 기록되는 단순한 체험의 배열이 아니라 경험을 넘어 본질의 의미를 찾고, 그 의미를 전이의 시학을 통해 묘사로 그려낸다는 점에서 큰 의미가 있다. 결국 수필을 쓴다는 것은 어떤 대상으로부터 특별한 의미를 찾아내는 과정인 것이다. 심층에서 제재통찰을 거치고, 표층에서 작가의 주관에 의한 제재의 소성이 교감되고, 담론층에서 전이 시학을 통해 제재에 새로운 의미가 부여될 때 비로소 문학성이 수필에 담기는 법이다. 자신만의 렌즈로 걸러진 송정자의 주옥같은 수필들은 문학보다 더 깊은 철학적 사유 위에서 인간 세계의 다양한 이해 방법론을 크로노토프와 에세이 테라피란 방법론으로 풀어내고 있어서, 문학적 성취가 어떤 다른 수필집보다 뛰어나다고 하겠다.

송정자 수필의 즐거운 가치평가는 탁월한 구조시학의 층위에서 빛난다. 그녀의 글은 상상력과 미의식의 관계를 통해 구축되고 있어 우리는 체험이 문학적으로 어떻게 변용되는지 그 과정을 먼저 <외씨버선길>에서 행복하게 살펴볼 수 있다. 이 수필은 아주 뛰어난 수필이다. 산길을 걸으면서 겪는 고행과 깨달음 그리고 미감을 승무라는 춤에 견주고, 그 의미를 중층적으로 확장시킨 전략이 주효해서 큰 울림을 준다. 영월의 운탄고도 시작점에서 만난 외씨버선길을 걸으며 외씨버선 춤인 승무를 떠올리고, 이를 '매우 엄혹한 고행에서만이 표현될 수 있는 몸짓임을 짐작하게 한다. 그 자태가 곧아서 맑은 물가에 긴 다리를 드리운 한 마리의 학이 서 있는 듯하다.'고 표현한다. '처음 발을 내디뎠을 때는 폭신한 땅의 감촉이 전쟁의 서막인 줄도 모르고 사뿐사뿐 속곳치마 들어 올리듯 내딛는 걸음'이었다는 대목은 고생을 투자해서 얻어가는 정신적 가치를 되새기게 한다.

　이 수필 속에는 작가의 심미적 취향이 드러나는데, 고행에 대한 해석과 그것을 넘어서려는 몸부림이 선명하게 나타나 있다. 길 전체의 모양새를 보았을 때, 조지훈의 시 '승무'에 나오는 외씨버선의 윤곽을 닮아있어 시 속의 버선을 연상한 길 이름을 지은 분들의 감성에 놀란다. 실제로 걸어보면 외씨버선 볼의 동탁한 매무새처럼 유려하고 고운 매력의 곡선, 그 이상이라고 썼다. 옛 보부상들이 짐을 머리에 이고 등에 지며 걸었던 삶의 고단함이 묻어있는 길이지만, 푸른 산속의 버선 품이 넉넉하기만 하고, 일렁거리는 상념을 사뿐히 접어 올리는 쾌감까지 전달해준다고 하였다. 그녀에게도 살아가는 목표가 시퍼렇던 시절이 있었다. 그녀의 고뇌에 찬 문장이 주는 감동은 오래간다. 이 수필은 사상의 정서화나 이념의 감각화, 내용의 형상화가 아주 잘 된 작품이다. 수필적으로 문학적으로 예술적으로 작가정신 면에서 완성도가 높다. 이른 바 수필은 네 가지 성질을 다 가져야 한다는 '필유사성'의 조건을 충족하고 있다.

　이제 외씨버선길은 더 이상 폭신하지도 유연하지도 않은 고행길로 치닫는다. 남한강을 첩첩이 휘감고 있는 산길은, 오르락내리락을 반복하다 쉼 없이 휘어진 구간이 한참동안 계속된다. 조망도 없는 급경사 길을 따라 '각동리 돌널무덤'을 올라갈 때쯤, 여기저기서 사람들의 헉헉거리는 소리가 숲속을 뒤흔들고 있었다. 마치 자진모리와 당악장단에 맞추어 관객을 몰아지경으로 이끌어가는 북의 연타처럼, 거칠고 빠른 숨소리가 박자를 맞춘다. 외씨버선이 법고 앞에서 버선코를 뾰족이 치켜 올린 채, 북채를 쉼 없이 두들기며 마지막 고지임을 알려주는 신호일 게다. 장삼을 뿌리고 제치며 뒤엎는 사위는, 인간이 갈구하는 끝없는 욕망을 나타내는 몸짓이 아니던가. 하얀 버선코 끝으로 표출되는 몸놀림의 가냘픈 모습. 치마 끝에서 살짝 가려진 버선코의 나비 같은 합장은, 숨길 수 없는 인간의 고뇌를 담은 춤사위다. - <외씨버선길> 중에서

숲속을 뒤흔들고 있는 '여기저기서 사람들의 헉헉거리는 소리' 거칠고 빠른 숨소리를 마치 '자진모리와 당악장단에 맞추어 관객을 몰아지경으로 이끌어가는 북의 연타'에 비유한다든지, '외씨버선'을 '법고 앞에서 버선코를 뾰족이 치켜 올린 채 북채를 쉼 없이 두들기며 마지막 고지임을 알려주는 신호'로 해석해내고, 그 의미를 장삼을 뿌리고 제치며 뒤엎는 춤사위에 빗대어, 인간이 갈구하는 끝없는 욕망을 나타내는 몸짓으로 풀어내는 상상력과 해석력은 이미 훌륭한 수필가의 조건을 갖고 있음을 확실하게 보여준다. '갈구하는 끝없는 욕망'과 '숨길 수 없는 고뇌'를 춤사위에서 뽑아내는 그녀의 탁월한 인식능력은 이 수필뿐만 아니라 전체 수필을 관통하고 있어 감동을 견인하는 역할을 잘 하고 있다.

묘사에 힘입은 정서의 객관화는 이 수필의 문학성을 한층 높여준다. 문학이 독자의 감동을 목적으로 한다는 본질을 생각할 때 사상의 정서화는 필수적이며 또 연상에 의한 복잡한 내면의 심상을 표현하기 위한 감각적 접근과 다양한 비유의 구사는 필수적이다. 발레리는 문학 속에서, 사상이란 과일 속에 묻혀있는 영양소와 같이 숨겨져 있어야 한다고 했다. 엘리어트는 문학은 사상을 장미꽃 향기와 같이 감각화하는 것이라고 하였다. 수필이 어떻게 사실의 세계에 충실하면서도 이를 초월한 상상의 예술세계를 이러한 기법으로 구축해 나갈 수 있는지를 보여줄 수 있는 뛰어난 작품 중의 하나가 <외씨버선길>이다. 운탄고도에 대한 묘사가 읽는 이의 무릎을 치게 만드는 송정자의 다음 수필을 읽어보자. 이 수필 역시 수작이다. 완벽한 이중 층위와 변용의 시학이 빛난다.

 수시로 꽃들의 움직임을 살펴보았다. 여전히 여치들은 이 꽃 저 꽃을 옮겨 다니며 꽃잎의 살점을 파먹고 있다. 그러나 한 발자국 떨어진 곳에서 보면 수난을 당하는 모습은 보이지 않는다. 오히려 청초하기 이를 데 없는 한 폭의 그림이다. 꼿꼿하게 수형을 가다듬고 의연하게 서 있는 자세가 젊었을 때의 엄마 모습을 보는 것 같다. 온갖 풍상을 겪은 족두리꽃 그 안에 엄마가 서 있었다.
 아버지는 생때같은 큰 아들을 잃고 그때부터 수족이 잘린 듯한 고통을 엄마에게 모두 푸셨다. 밤이면 짐승이 되어 울부짖었다. 막걸리에 절어 꾹꾹대던 쉰 소리는 담벼락을 타고 넘어갔다. 전봇대를 휘돌던 밤바람에 오도카니 갇혀 메아리처럼 골목을 맴돌았다. 창살에 부딪혀 웅웅거리던 바람소리와 아버지의 신음소리가 합쳐지면 무겁게 가라앉은 장송곡처럼 들렸다. 엄마와 나는 한겨울에도 동이 틀 때까지 밖에서 오돌오돌 떨었다. 여름에는 모기에 뜯기며 아버지가 잠들기를 기다리고 또 기다렸다. 폭풍이 지나간 아침이면 엄마도 나도 한마디의 말도 없이 바쁘게 움직였다.

- <족두리꽃> 중에서

  송정자 수필의 중요한 내적 특성 중에 또 하나로 환상적 통합의 화해성을 들 수 있다. 그녀의 수필 상당수 작품들이 카타르시스를 통한 심리 치료, 치유의 문학이라는 특성에 기초하여 결말 구도가 화해로 설정되는 특성을 갖는다. 정도의 차이는 있으나 대부분의 사람들은 유년시절의 피할 수 없는 한두 가지의 피해의식을 가지고 빙하기를 겪으며 살아왔던 것이다. 피해의식의 부정적인 경험은 잘못된 세계관을 형성하고, 파괴적이고 비관적인 고정관념으로 발전하게 되는 수도 있다. 물론 이런 경험이 치유되지 못하고 계속 그림자로 남아있을 때다. 그러나 송정자는 이런 빙하기 바람소리를 잘 파악하고 안식의 문학, 영혼의 문학인 수필의 목적을 제대로 살려서 자신을 치유하는 데 잘 활용하고 있다. <족두리꽃>은 은 이런 화해 구도를 가진 대표적인 수필이다. 송정자 수필의 가장 강한 특징은 손맛의 유려함이다. 존재의 집으로서 언어의 아름다움을 최대한 활용함으로써 그녀는 문학성과 치유성을 동시에 구축한다. 이 수필의 우수성 역시 치환의 미학에서 나오는데, 그녀는 참신한 발상과 비유를 무엇보다도 중요시한다. 한낱 꽃의 움직임도 곤충들의 동태도 예사로 보지 않는다. 족두리꽃은 구조면에서 처음, 중간, 그리고 끝이 잘 갖춰져 있어 표준구조의 명료성을 준다.

특히 주제의식의 상상화를 돕는 여치들의 동태를 묘사한 부분은 매우 역동성이면서 시청각적 이미지의 보고다. 상관화 기능을 중시하는 작가의 인식은 수필 감상의 흥미를 더해준다. 무엇보다도 송정자 수필을 읽는 매력은 날카로운 관찰을 통한 깊은 명상의 세계를 보여주고 있다는 점이다. 여치를 '아버지상'으로, 족두리꽃을 '어머니상'으로 변용해서 현실의 삶에 투사시켜 해석해낼 수 있도록 하는 전략 덕분으로 우리는 그녀의 작품으로부터 예술적인 향기를 음미할 수 있다. 여치나 족두리꽃은 비유나 강조 등의 수사법에 의해 그 이미지가 문학적으로 전달된다. 이 수사적 장치 형성은 독자로 하여금 연상과 상상의 세계로 빠지게 한다. 이 수필에서 가장 중요한 것은 치유시학으로 풀어내면서 화해해결구도를 통해 독자로 하여금 아버지의 행동에 대한 이해를 구하고 있는 부분이다. 즉 우리는 물화된 보조관념을 통해 작자가 숨긴 이면적 상징물에 도달함으로써 작품을 미학적으로 이해하게 된다. 문학은 빠르고 정확한 의미 전달만이 아니라 그 전달의 효율성을 따진다. 얼마만큼 감동적이냐가 성패를 가르며, 그렇기 때문에 문학적 장치도 필요하다. 독자가 작품을 음미하고 문장을 소화하며 작품을 함께 완성해 나갈 수 있도록 한 전략이 아주 훌륭했다.

자조하는 그의 얼굴에서 나는 왜 시퍼런 칼날을 세우고, 녹지도 못해 둥둥 떠다니는 남극의 유빙이 떠올랐을까. 빙결된 해빙이 매서운 바람이나 물결에 밀려 연안과 섬에 정착하지 못하고, 물 위를 표류하는 얼음덩어리. 저위도에서는 겨울철에, 극지방에서는 일 년 내내 유빙은 녹을 줄 모른다. 바다를 떠다니는 바람과 해류의 작용으로 자주 균열이 생기면서, 육지에 닿지도 못하고 떠 다녀야 하는 운명이다. 이른 봄에도 녹지 못하는 소녀의 아버지는 언제까지 막새바람에 표류하는 유빙이어야 할까. 그의 허리에서 차가운 얼음이 피처럼 뚝뚝 떨어지는 소리가 들리는 듯하다. 소설 <유빙이 녹기까지>의 작가는 "우리를 둘러싼 끝도 시작도 없는 원형의 트랙처럼 슬픔도 그렇다."고 했다. 종기처럼 상처가 곪은 사람들과 서로의 온기라도 당긴다면, 빙하의 한쪽이나마 녹여낼 수 있지 않을까.

- <유빙> 중에서

수필의 이야기 속으로 마음의 여행을 다녀오고 나면 오늘의 삶을 다시 바라볼 용기를 샘솟게 한다는 차원에서 이 수필은 짜임새 있는 구성 전략에 더하여 삶의 교훈적 가치를 더해 준다. '이른 봄에도 녹지 못하는 소녀의 아버지는 언제까지 막새바람에 표류하는 유빙이어야 할까. 그의 허리에서 차가운 얼음이 피처럼 뚝뚝 떨어지는 소리가 들리는 듯하다.' 이 문장을 보면 작중 인물, 수필의 이야기 속 그 소녀를 잃어버린 아버지는 온갖 산전수전으로 점철된 험난한 삶을 살아가고 있다. 만약 이 사람의 인생사를 사실대로 듣기만 했다면 기나긴 신세한탄에 불과했을 것이며, 독자들은 한 인간의 삶을 실패로 가득한 고통스런 이야기로 기억하지 않을까. 그렇다. 이야기는 바로 '기억'의 문제이기도 하다. 이야기는 바로 우리의 삶이 타인에게 '어떻게 기억될 것인가' 라는 문제를 제기하는 것이다. '종기처럼 상처가 곪은 사람'으로 생활하면서도 그는 틈이 나는 대로 딸을 찾으러 전국을 떠돌며 유빙처럼 살았던 것이다. 이런 그의 삶을 수필가 송정자로 인해 조금씩 이해하기 시작한 우리는 방랑자의 삶을 살면서도 순수의 영혼을 잃지 않은 그를 오히려 존경하게 된다. 그의 진정한 유산은 비록 삶을 견디지는 못했지만 돈으로도 살 수 없는 영혼의 유산이었다.

  이 사람에 얽힌 슬픈 이야기가 수필로 승화되지 못했다면, 이 분의 삶은 얼마나 팍팍했을까. 단지 객관적 사실만을 찾아 헤매는 우리들은 비로소 인용된 예문에서 보듯 이 작가의 서사전략에 힘입어 그가 홀로 견뎌야 했던 숱한 고독과 방황의 날들을 이해하게 된다. 그 아름다운 이야기의 퍼레이드가 없었다면 그의 삶이 얼마나 시시했을까. 송정자 덕에 그의 삶은 생명을 얻게 됐고 그렇게 수필 속에서 영원히 살게 된다. 작가는 삶을 아름답게 가꾸는 이야기꾼이다. 송정자의 <유빙>이란 수필 속에는 가슴을 뭉클하게 하는 이야기가 있다. 송정자는 이야기꾼으로서 발단부의 서두 기능을 효과적으로 살려냄으로써 가슴을 움직이게 하는 문학의 힘이 무엇인가를 잘 보여주었다. 이야기의 주인공 실종소녀의 아버지는 경찰의 수사만 기다릴 수가 없어 생업을 포기하고 아내를 차에 태운 채, 딸을 보았다는 제보가 있을 때마다 전국 어느 곳이든 달려갔다. 점점 가세는 기울어 기초생활수급자가 되어 약간의 보조금과 후원금으로 전단지와 드림막을 제작하고, 돈이 부족하면 급한 대로 막일을 하면서 생계를 이어가고 있다고 한다.

 이 수필은 실종 딸을 찾는 아버지의 절박한 심사를 너무도 절절하게 표현해 내고 있다. 소재로서의 이야기를 미적으로 배열하는 과정을 통하여 서사적 의미와 가치를 극대화시켰다. 대상을 너그럽게 바라보는 관조의 눈 속에 따스한 정이 배어있는 좋은 수필의 완성이다. 송정자가 혼신의 힘으로 그려낸 이런 주변부 타자를 대상으로 하는 성격의 수필들은 작가정신이 빛나는 수필이다. 그녀는 머리보다 가슴에 와 닿는 수필을 쓰는 사람이다. 이 작품 속에는 인생에 대한 담담한 관조와 거리를 두고 물끄러미 바라보는 조망이 있다. 타자의식을 통해 겸허한 자신을 쓰다듬는 자기 성찰의 모습에서 독자는 작가의 인간적인 면모를 다시 확인할 수 있다.<한국수필>로 등단하여 오랜 시간 본격수필이라는 화두를 달고 꾸준히 글을 써오면서 늦게라도 수필집을 엮어내지 않았다면 그녀는 수필계에 얼마나 많은 손실을 초래했을까. 시대의 추이를 통찰하고, 주변부 타자들과 더불어 열린 가슴으로 현실에 부딪치는 일이 이 땅에서 더 나은 세상을 만들어가야 하는 작가의 사명이 아니겠는가. 세상이 아프면 작가도 아파야 하는 것이다. 자신과의 진실한 대면을 통해 인간적인 향내를 풍기고자 하는 것은 송정자 수필이 지닌 가치 평가에 적지 않은 시사를 준다고 하겠다.

성북동 일대에 모여 살며 그림을 그리는 친분으로 똘똘 뭉친 여섯 화가의 전시였다. 서울대 회화과 1회 졸업생인 산정 서세옥 작가와 그의 제자이자 동료인 송영방 화백을 중심으로 결성된 모임이다. 성북동 지근거리에 앞뒷집으로 모여 살면서 아침저녁으로 거리낌 없이 드나들며, 울적한 심회를 나누기도 하고 문외의 기담으로 파안대소도 하여본다고 회상하는 글이 신문에 기고된 적이 있다. 집집마다 아끼는 돌과, 소나무, 매화와, 난초를 가꾸는 독창성이 넘치는 젊은 화가를 일컬어 성북의 청괴들이라 칭했다. 중국 청나라 양주지역의 유명화가들이었던 '양주팔괴'에서 이름을 따 붙인, 그림을 그리는 맑고 푸른 영혼을 가진 개성 있는 화가들이라는

뜻으로 명칭을 붙였다고 한다.   - <성북의청괴들> 중에서

  송정자는 성북동을 사랑하는 사람이다. 그래서 그녀의 수필은 한마디로 그리움이 있고, 인정이 있고, 구원이 있는 토포필리아의 공간에서 출발한다. 어딘가에 부드러운 곡선의 안식처가 있을 것 같은 작가의 시선은 성북동에 머문다. 과거는 누구에게나 그리움의 대상일 수밖에 없기 때문이다. 성북동을 공간적 배경으로 하는 수필들은 주로 자신의 심중에서 여울치는 물결의 무늬를 그려낸다. 그녀의 문학적 그림자 형상을 한마디로 말하자면 '성북동의 향기'라 할 수 있다. 작가적 현실 세계가 삶의 기록으로 끝나는 것이 아니라 '삶'이라는 보편성에 의미를 부여하는 방향으로 키를 틀고 있기 때문에 그의 작품은 향토성의 서정이라는 지점에서 문학적 향기를 발한다. 무엇보다도 이 수필의 가치는 삶의 창조적 내포를 담고 있는 인정의 정서가 작품 속에 넘실거린다는 점이다. 전환의 시대에 인간의 내면, 특히 그 예술가의 우정을 조명하는 시간을 갖는다는 것은 하나의 축복일지 모른다. 글쓰기의 출발점은 인식에 있다. 인식이란 인간을 바르게 파악하는 것이다.

  인도의 기업인 라메슈와 다스는 "말은 줄에 걸린 빨래처럼 마음의 바람에 펄럭인다."고 했다. 글쓰기를 멈추고 태만해 있던 작가에게 돌아가시기 일 년 전, 청괴의 일원인 우현 송화백의 방문은 우연이었

을까. 먹에 담긴 농담만큼 아름답고 멋이 뚝뚝 떨어지는 분이었다고 회고하는 그녀는 입명의 경지에 이르기까지 미친 듯이 붓끝을 휘갈기던 선생의 삶을 뒤돌아보며, 편편이 흩어져있는 삶의 조각보를 들여다본다. 수필을 잘 쓰기 위해서는 마음의 구조를 알아야 한다. 작가 스콧 피츠제랄드는 "최고의 지적 능력은 동시에 반대되는 두 가지 생각을 할 수 있는지 여부로 판단된다."고 하였다. 마법사 멀린은 "슬플 때 뭔가를 배워야 한다."고 했다. 인생은 길지 않지만 예의를 생각할 수 있을 만큼은 길다고 하였다. 서울대 미대 출신 화가들이 성북동 지근거리에 앞뒷집으로 모여 살면서 아침저녁으로 거리낌 없이 드나들며 울적한 심회를 나누기도 하고, 문외의 기담으로 파안대소도 하며 우정을 나누었다고 하는 소식을 접하고 그녀는 집집마다 아끼는 돌과, 소나무, 매화와 난초를 가꾸는 독창성이 넘치는 젊은 화가, 성북의 청괴들 이야기에 수필의 옷을 입혔던 것이다.

와인병에서 마개와 와인 사이의 빈 공간은 결국 와인의 부족량이다. 그 부재의 공간으로 와인의 품질을 평가하듯이, 아들의 소극적인 성격 역시 한 인간의 사람 됨됨이를 말하는 잣대가 되지 않을까. 세월이 지나 오랜 숙성의 과정에서 매우 느리고 미세하게 기화하는 얼리지를 엔젤스쉐어(Angel's share)라고 한다. 하늘에 있는 천사가 와서 자신의 몫을 가져갔다는 예쁜 의미의 해석이다. 사람마다 자신의 얼리지가 왜 없겠는가. 이제 배우자를 만나게 된 아들의 얼리지는 초과량을 넘지 않았으면 싶다. 설령 이슬방울만큼의 산화가 찾아온다 해도 그것은 천사의 몫이라고, 코르크가 사랑으로 채워준다면 품질 좋은 와인을 유지하지 않을까.

- <얼리지> 중에서

 화자는 수필에다 총체적인 자신을 싣지 않는다. 소위 말하는 그림자의 상태로 자신을 무의식 속에다 매몰시켜 버리기 쉽다. 본래 수필의 존재 의미가 소통이라고 한다면 자신을 숨기고 있는 수필은 소통 상실이다. 그런데도 수필 언어에서는 은유와 환유라는 방법으로 언어를 사용하므로 상실된 언어를 더더욱 은폐시키는 역할을 하는 것이 흔하다. 감정의 소통으로 내면화된 자신을 드러내는 것이 치료라면 언어를 복원하는 것이 치료의 목적이다. 수필을 통해 정서를 고백하는 것을 상실된 언어를 되살리는 아주 좋은 방법이다. 문학적 언어의 표현이라고 하여 내면 깊숙이 매몰되어 있는 자신을 솔직하게 드러내는 것은 절대 아니다. 정신분석 용어로 말하자면 은유와 환유의 방법으로 변형하여 드러낼 뿐이다. 그림자의 인격화란 자신의 내면을 정확하게 바라보고 진실 되게 인식하여 솔직하게 드러낼 때만이 가능하다. 그녀는 추진력이 부족하고 귀차니즘 성향이 짙은 아들이 활달한 성격의 배우자를 만난다면 잘 어울리지 않을까 은근히 기대하면서 예비 며느리가 선물로 준 와인을 따라 마시며, '얼리지'라는 제재로 아들에 대한 자신의 기대를 담아놓는 데 성공한다. 그런 면에서 진솔한 표현을 강조하는 수필 쓰기가 좋다. 배우자를 만나게 된 아들의 얼리지가 초과량을 넘지 않았으면 싶다는 작가의 소망이 제재인 얼리지에 잘 투영되어져 있다.

　엘리엇이 말하는 자아이론의 핵심은 성찰이다. 성찰하는 과정은 삶의 궤적에 관하여 심리적이고, 사회적인 정보를 주시하고 되돌아보는 과정이다. 수필쓰기에는 자아 성찰이라는 과정이 들어간다. 수필의 개념에는 내면의 고백 못지않게 자아성찰이 주요한 자리를 차지하고 있다. 자신의 내면을 수필을 통하여 고백하는 동시에 자기 성찰을 하므로 인간은 흔히 자신의 현재적 삶이 충족된 상태로 여기기보다는 무언가 결핍된 상태로 여기며 사는 수가 많다. 그것이 물질적인 것이든 정신적인 것이든 자신에게는 무언가 결핍된 것들이 많다고 여기는 사람들이 흔하다. 또 이로 인해 많은 사람들이 고통을 느끼며 살아가는 것을 보게 된다. 대체 문학은 모든 것이 충족된 만족 속에서 나오지 아니하고, 무언가를 상실하거나 부재된 느낌 속에서 더욱 밝게 빛나는 법이다. 결핍의 인식 상태에서 사물에 대한 감각이 예민해지기 마련이다. 이 수필의 압권은 아무래도 '와인은 선선한 온도와 적정한 그늘을 만나는 최적의 환경에서 코르크 마개를 통해 미세한 숨을 쉰다. 두 사람이 오랜 시간 동안 숙성하면서 달콤한 풍미를 품을 수 있는 인생의 변곡점을 맞이한다면, 그 향기의 여운은 더

할 나위 없을 게다.'라고 한 의미화 대목일 것이다. 창작은 이런 결핍된 상황으로부터 탈출하려는 노력으로 볼 수 있다.

  우정은 하나의 영혼이 두 개의 몸에 살고 있는 것과 같다고 아리스토텔레스가 말했던가. 친구는 나의 속 좁은 외면에도 불구하고 여러 차례 손을 내밀었다. 나보다 한층 더 성숙된 정신세계를 가진 친구다. 지금은 나와 같이 정독도서관에서 수필명인이신 권대근 교수의 불꽃같은 강의를 열심히 듣는 중이다. 삶의 엔딩노트를 작성할 때, 품위 있는 글을 남겨볼까 하는 바람이라 하니 얼마나 멋진가.
  나란히 강의실에 앉아있는 친구와 나의 어깨 너머로 큰 비가 내린 후, 안개가 흩어지면서 맑게 갠 제색의 인왕산이 섬처럼 말갛게 떠 있다.

- <제색> 중에서

  이 작품은 우정이 어떠해야 하는지를 제시해주는 수필이다. 친구의 도리를 다한다는 것이 어떤 의미인지를 생각해 보게 한다는 측면에서 매우 교훈적이다. 무엇보다도 눈길을 사로잡는 멘트는 '우정은 하나의 영혼이 두 개의 몸에 살고 있는 것과 같다'는 아리스토텔레스의 어록이다. 친구는 자신의 속 좁은 외면에도 불구하고 여러 차례 손을 내밀었다고 한다. 작가 자신보다 한층 더 성숙된 정신세계를 가진 친구라고 친구를 높이 평가하는 차원에서 보면, 칭찬이라는 선물을 친구에게 안겨주려 수필을 쓰고 그 친구를 주인공으로 내세웠던 것이다. 서로를 존중하고 배려하는 등 친구간의 우정을 그려내어 보여줌으로써 작가는 친구의 중요성을 강조하고 있다. 작가와 친구간의 우정이 얼마나 깊은지를 추론할 수 있도록 발단부와 전개부에 겸재 정선과 사천 이병연의 우정을 소개하고 있다. 둘은 서촌에서 나고 자란 경화세족으로 사천은 조선 진경시의 거장이며, 겸재는 진경산수의 화성으로 쌍벽을 이루었다고 한다. 서로 떨어져 지내면서도 시와 그림을 바꿔보는 '시화환상간'을 엮어 두 사람의 콜라보 중에도 백미인, 한강변의 서정적인 아름다움을 담은 '경교명승첩'을 탄생시켰다. 이에 버금가는 우정으로 자신과 친구와의 화음을 겸재와 사천의 우정에 견주어 큰 감동을 안겨주는 수필로 만들어 내었다.

현대의 문화인은 정치적으로는 부와 쾌락을 원하나 예술적 실존으로는 내핍과 괴로움을 원하는 모순적 상태에 있다고 한 트릴링의 말과, 쾌락을 거부하고 반쾌락에서 만족을 찾는 인간의 본능적 충동이 있다고 한 프로이트의 지적을 토대로 살펴 볼 때, '궁'의 상황이 보다 나은 예술 창작의 충분조건이 된다고 하겠다. 정신적 '궁'의 상황이 가져다 준 실의나 좌절감은 작가 내부에 그렇지 않았던 상태와의 괴리감을 인식시키고, 이로 인해 동일성의 상태에 조금 더 접근할 수 있는 길을 열어준다. 상실감이 강하면 강할수록 갈망도 커지는 것이니, 동일성의 추구란 서로 간에 형성된 파국적 관계를 청산하려는 노력인 것이다. 작가의 친구는 글을 쓰면 제일 먼저 읽어주는 독자로 비평과 조언을 아끼지 않았다. 그런 그들에게 일 년간의 공백기가 비집고 들어왔다. 작가에게 힘든 시기가 찾아왔을 때 서로 소식을 미루다가 서운한 일이 생기고 말았다. 작가는 갑작스레 소외됨을 느꼈고 괴리감까지 보태져 이중의 고통이 찾아왔다. 작가가 평소와 같은 편안한 심리가 아닌, 잠을 못 잘 만큼 정신적으로 시달릴 때라 친구를 공감하지 못했던 것이다. 창작 과정 또한 이러한 내적 요구와 동떨어져 있지 않다. 힘이 들 때, 손을 내밀 때 그 손을 잡아준 친구에게 바치는 헌사라 해도 무방할 듯싶다.

몸 속을 거꾸로 빠져나간 피가 다시 수혈이 될 수 있을까. 그래서 누덕누덕한 그 속을 마름질이라도 하면 곱게 펴질 수 있을까. 구석구석 깨어져 버린 파열음이 여기저기 한 가득이다. 자식을 앞세운 모성은 직소 퍼즐처럼 끼워 맞출 수도 없다. 수만 가닥으로 너덜너덜해진 저 정신 줄이 돌아오려면 생이 끝날 무렵이 되려나. 끊임없이 자신을 무두질해야 하는 유형(流形)의 땅에서 그 기나긴 형벌의 나날을 어찌할 것인가. 뭉치고 맺힌 응집이 올 풀리듯 빠져나올 수나 있을까. 골수가 뒤틀리고 창자가 끊어져 나가고 눈앞의 곡기가 쓴 소태가 되어 입안을 되 물릴 것을. 어긋난 뼈마디가 아우성치는 그 줄타기의 순간은 숨통을 막으며 제자리에서 맴돌 테지. 어느 날 퍼렇게 그을린 그리움이 부싯돌처럼 삶을 피워보려 할 때. 부딪히다가 무던히도 무뎌져갈 때, 텅 빈 f홀은 이별을 위무하는 음률을 잔잔히 차올릴까.   - <f홀의 위로> 중에서

　송정자의 <f홀의 위로>는 어떤 수필보다 그 느낌이 강렬하다. 친한 동생의 딸이 생을 버린 순간을 그녀는 '그 아이가 13층에서 몸을 날리는 순간, 나비가 사뿐히 받아주었을까. 하얀 날개를 입은 천사가 어서 오라며, 두 팔 벌여 품을 내어주었을까. 수만 가지 꽃이 만발한 정원에서 오색찬연한 융단이라도 깔아두었을까. 손에 잡히지 않는 깃털이 되어 세상에 티끌 한 올 남기지 않고 사라졌다'고 썼다. 그리고 두 모녀의 이별을 '첼로와 바이올린의 두 몸통에서 화인처럼 찍혀 있는 f홀이 눈동자처럼 나를 올려다본다'로 형상화했다. '줄감개를 조절하면 현의 섬세하고도 갸느린 그 떨림조차도 고스란히 실어 나르는 f홀, 악기의 f홀은 안과 밖의 공기를 이어주는 통로다. 바이올린이 내는 이름다운 선율의 흐름을 이곳에서 조율한다. 모녀가 나란히 두 개의 f홀에 마음을 헹구며, 주고받던 사랑의 하모니는 이제 공명을 잃었다.'라는 표현으로 억누를 수 없는 정서를 객관화하는 솜씨는 그녀의 문재를 확연히 보여준다. '작은 변화만으로도 음색의 밝기와 어둠, 부드러운 것까지 모두 뱉어내는 f홀이다. 단순히 알파벳과 유사한 미학적 상징인 줄만 알았던 f홀은 수세기에 걸쳐 장인들이 피를 갈아 혼을 불어넣은 악기의 심장이다. 그 f홀 구멍이 연주자를 잃고

끝없는 블랙홀로 빠져들고 있다.'는 말로 딸을 잃은 어미의 비애를 극적으로 그려내는 데 성공하고 있다.

　이 수필의 최대 압권은 위의 인용된 대목이다. 심장 같았던 딸을 잃은 어미의 애끓는 심정을 이보다 절제된 정서로 절절하게 표현할 수 있을까. 병사가 아닌 자살이라는 소식을 듣는 순간 먹구름이 몰려왔을 터, 자식과의 영원한 이별, 이렇게 무서운 별리가 어디 또 있겠는가. 소중한 사람을 더 이상 볼 수 없는 일이라면, 그건 누구에게나 고통이지만 가장 큰 고통은 그 젊은 딸의 어미가 짊어져야 할 삶의 무게가 아닐까. 송정자는 딸의 죽음 앞에 있는 지인을 보면서 글을 쓰는 생의 부박함에 치를 떨었을 것이 아닌가. 그녀는 사십구재로 사찰을 드나들면서 무슨 생각을 했을까. 인간의 두려움은 타인의 죽음에서 발견된다. 제 삼자의 죽음이 난무하는 현대사회에서 죽음은 이미지와 숫자로 지나쳐간다. 그 앞에서 인간은 세계의 단절과 세계보다 더 큰 한 인간과의 끝나지 않는 단절을 경험하게 된다. 삶 앞에 있는 인간으로서 할 수 있는 애도의 방식은 삶의 영역에서 필수적인 명복의 언어로 생각되는 의례와 종교적 절차를 거치는 것뿐이다. 작가가 고인을 위해 할 수 있는 일이란 한 신체의 온기가 다 가기 전에 손을 꼭 잡는 일이며, 온기가 다한 신체에 대한 예의를 갖추는 일이며, 그것을 잊어버리지 않은 일이다.

　세상에서 가장 슬픈 일에 직면한 지인의 절박하고 애통한 심정과 상황을 이보다 더 절묘하게 나타낼 수 있을까. 국민교육헌장이나 3.1 독립선언서보다 더 명문의 요건과 감동의 울림을 주는 문장이 또 있을까. 그녀는 "구석구석 깨어져버린 파열음이 여기저기 한가득이다. 자식을 앞세운 모성은, 직소 퍼즐처럼 끼워 맞출 수도 없다. 수만 가닥으로 너덜너덜해진 저 정신 줄이 돌아오려면, 생이 끝날 무렵이 되려나. 끊임없이 자신을 무두질해야 하는 유형(流形)의 땅에서 그 기나긴 형벌의 나날을 어찌할 것인가. 뭉치고 맺힌 응집이 올 풀리듯 빠져나올 수나 있을까. 골수가 뒤틀리고 창자가 끊어져 나가고, 눈앞의 곡기가 쓴 소태가 되어 입 안을 되물릴 것을. 어긋난 뼈마디가 아우성치는 그 줄타기의 순간은, 숨통을 막으며 제자리에서 맴돌 테지."라는 정화되고, 순화되고, 승화된 말로 딸을 잃은 슬픈 심정을 표현하고 있다. 어미는 딸의 죽음 앞에서 더 이상 참다운 인간으로서의 생존을 유지하기 불가능할 정도로 심각한 위기 상황에 처하게 되었다는 것이 결말부 마지막 의미화 문단의 핵심이다. 이별의 f홀을 다독이는 그녀의 손길, 그 가공할 만한 문학적 표현의 힘 때문에 독자들은 진심으로 사자의 명복을 빌고, 딸을 잃은 어미의 심정으로 이 수필을 읽고 애도와 감동을 표하지 않겠는가.

유달은 정신장애의 약을 싫어했는데 그 약을 먹기 시작했다며, "당신은 나를 더 좋은 사람이 되고 싶게 만들어요."라는 명대사를 탄생시킨다. 밤을 뒤척이다가 결국 그녀의 집 벨을 누른다. 캐롤은 새벽 네 시에 용건이 뭐냐고 묻는다. 유달은 머뭇거리며 "빵집이 곧 문을 열어요. 따뜻한 빵 좋아하잖아요."라며 하얀 치아를 드러낸다. 어스름한 새벽에 두 사람은 보도블록의 선을 마구 밟고서 불빛이 환한 빵집으로 들어가 따뜻한 빵을 고르는 장면이 이 영화의 엔딩씬이다. 새벽녘의 빵이 저물어가고 있는 삶의 횡단길에 청사초롱의 불을 밝혀 준 셈이다.

'달콤제빵소'의 문을 열었다. 빵의 천국이 따로 없다. 홍수처럼 넘쳐나는 아침의 빵이 진열장에서 각색의 치장을 하고 손님 맞을 준비를 하고 있다. 세 살배기 아기가 먹을 크로아상 한쪽을 담아본다. 어릴 적 할머니의 제상에 한 가지 맛의 빵만 올렸던 내가, 지금은 할미가 되어 손녀에게 먹일 눈꽃 같은 빵을 고르는 중이다. 샛별 같은 아가의 입안에서 쌀알처럼 뽀얀 젖니가 오물거릴 때, 한쪽 손에는 금세 넣어줄 빵조각을 쥔 채 무릎을 구부리고 있다. 할머니도 하루에 수십 번이나 진달래 꽃잎이라도 따서 내 입속에 넣어주고 싶었을 것을.　　　　- <갓 구운 새벽> 중에서

공간은 비어있지만 공간을 채우고 있는 사물은 인간을 대변하고 집단을 인식하게 한다. 공간을 채우는 방식과 배치를 통해 사람간의 관계를 파악할 수 있다. 그렇기에 공간에 투영되어 있는 사물은 곧 인간 그 자체가 된다. 인간이 매일 같이 반복적으로 에너지를 소비하는 공간은 인간을 '있는 그대로' 드러낸다. 수필에서의 공간은 필자

가 관찰하고 회상하고 상상하는 대상과 그 대상이 있는 곳이기도 하다. 수필 작품에서의 시간과 공간은 분리되지 않고 결합되어 있다. 송정자의 수필 <갓 구운 새벽>에서 '빵'이 있는 '제빵소'와 '사랑'이 있는 '새벽'은 시공성을 가진 하나의 크로노토프다. '새벽'은 곧 '빵'이라는 걸 누구나 알 수 있게 하는 제목이다. 20세기 러시아의 문학 이론가이자 사상가 미하일 바흐친은 어떤 사건을 통시적이며 동시에 동시적인 시간관으로 다루는 방식을 '크로노토프Chronotope'라고 불렀다.

송정자의 수필 <갓 구운 새벽>에서 상징적으로 표현된 시간과 공간은 본질적으로 서로 연관되어 있는 특성을 지닌다. 시간과 공간이 만나는 교차점에서 사건과 행동이 발생하고 그 의미가 결정되기 때문에 이 작품에서 '과거와 현재', '소녀적과 할머니적', '젯상과 식탁', '시골집과 도시집', '받은 빵과 산 빵', '맛없는 빵과 맛있는 빵' 등 교차되고 있는 시공간은 송정자 수필을 읽어내는 데 있어서 중요한 키워드가 된다. 여기서 '빵'은 사건이 발생한 당대의 시간적, 공간적 의미를 유기적으로 고려하면서 그 의미를 해석하고 인식하게 하는 매개체다. 어떤 사건이 발생했을 때 그것의 시간적 의미는 당대의 역사성에, 공간적 의미는 당대의 사회성에 연결시켜 유기적으로 해석함으로써 총체적 해석이 가능하다. 이야기나 사건을 배열하여 플롯의 질서를 만들어낼 때 언제, 어디서 발생한 사건인가를 크로노토프를 활용해서 명료하게 보여주고 있는 이 수필은 구성적 복잡성으로 인해 문학적 성취가 빛난다고 하겠다.

시간 안에 일어나는 사건은 자신이 거주하는 장소와 문화의 특성 안에서 토착적으로 해석된다. 크로노토프는 예술적으로 상상되고 설계된 시공간이다. 특히 중간에 삽입된 '이보다 더 좋을 수 없다'라는 영화이야기는 <갓 구운 새벽> 에서 주제의식의 객관화를 돕는 중요한 장치다. 그녀가 꿈꾸는 미래를 암시하기 때문이다. 예술에서 시간과 공간은 불가분의 관계에 있고, 이로 인해 발생한 시공간의 이미지와 느낌, 크로노토프는 이 수필의 본질, 즉 반성적 성찰과 치유 그리고 성장을 향한다. 송정자의 수필 <갓 구운 새벽>의 강점은 완벽한 크로노토프를 갖는다는 것이다. '갓 구운 새벽'이란 제목 속에서 '달콤제빵소'란 공간성과 '영화의 새벽'이란 시간성을 동시에 획득하기 때문이다. '빵'과 '새벽'은 화해해결구도로 전개되는 이야기의 마디를 맺고 푸는 결정점을 가리키기도 한다. '소녀시절의 빵'과 '할머니시절의 빵'이 서로 시공을 달리함으로써 크로노토프는 작가가 표현하고자 하는 생각과 감정을 독자들이 간접 경험하고 지각할 수 있게 한다.

이 수필의 압권은 <갓 구운 새벽>에서 작가가 구현해낸 '빵집'이라는 공간 안에서 '새벽'이란 시간성의 개념이 가시화되고 구체화되어 '밝음으로의 진출'이라는 주제의식의 의미를 완벽하게 구현해내고 있다는 점이다. 이 수필은 토도로프의 중층구조를 지향함과 동시에 과거-현재라는 대립항적인 구도를 갖는다. 둘은 항상 융합된 상태에 있다. 공간과 시간을 따로 분리하는 것보다 결합해서 해석하고 분석하는 것이 더 이롭다. 그것은 시·공간의 결합 설정, 즉 크로노토프의 완성을 의미한다. 바람직한 시공성의 관계 정립은 온전한 서사 구도를 잡는 일이다. 체험을 통해 성찰하고 희망과 비전을 제시하는 일은 수필의 지향점이기도 하다. 사랑은 분명 성장의 기원이 되지만 이 수필에서 그 성장은 기쁨이 아닌 슬픔에서 유래했다. 성장은 슬픔이 사라지거나 슬픔을 극복한 후 일어나는 '미래의 일'이 된다. 성장이란 결핍 없이 온전한 존재를 지향하는 과정이라기보다는 계속 몰아치는 죄책감 가운데서도 끊임없는 희망으로 굳셀 수 있는 능력에 가까워진다. 어쩌면 그것만이 조금 앞서 살아온 작가가 후대 독자에게 미리 일러줄 수 있는 가장 정직한 희망일 것이다.

유예된 미래나 미화된 과거에 갇히지 않은, 성장서사가 '죄책감의 고백'과 '불경한 소녀-되기'에서 피어났다고 하겠다. 이런 대립항적 시공성의 구도는 완벽한 크로노토프를 이룬다. 이 수필은 성찰을 통한 철학적 의미를 제시하고 있어 더욱 바람직한 구도를 갖는다. 체험을 펼치고도 성찰의 결과물이 없다면 시공성의 확립, 즉 바흐친이 말한 크로노토프에 대한 고려가 부족한 탓이다. 인간은 시간과 공간 속에서 태어나 살다가 죽는다. 그동안 인간의 행동이 자유의지에 비롯한다고 할지라도 시간과 공간의 영향을 받기 마련이다. 삶이란 끊임없이 이동하는 유기체이므로 누구나 지나가버린 시간과 떠나온 장소에 향수를 품는다. 문학이 다루는 상실감과 그리움이 여기에서 비롯된다. 작가가 수필 속에서 할머니를 기억하는 감정조차 기본적으로 시간과 장소에 대한 아쉬움이라고 말할 수 있다.

내가 어렸을 때 밀양의 우리 집은 사과밭을 하고 있었다. 과수원 마당에서 멍석에 쏟아놓은 사과를 선별하는 작업을 하고 있을 때였다. 큰오빠가 일군들과 나눠먹을 새참으로 삶은 고구마 몇 알을, 할머니께 갖다 드리라고 했다. 낡은 툇마루에 딸려있는 할머니의 방 앞에 오후의 햇살이 흩어졌다 다시 모여들고 있었다. 신발도 벗지 않은 채 댓돌에 서서 창호지가 펄럭거리는 문짝 고리를 힘껏 잡아당겼다. 팔을 있는 대로 뻗어 고구마 접시를 디밀어놓고 재빨리 뒤돌아섰다. 오랫동안 중풍으로 앓아누워 계실 때라 쟁쟁한 햇발에 가린 할머니의 방은 너무 컴컴해서였다.

- <갓 구운 새벽> 중에서

두 개의 크로노토프 '억지로 던져놓기와 적극적으로 사주기' 크로노토프는 작품 속에 '예술적으로 표현된 시간과 공간 사이의 내적 연관'을 말한다. 이런 관점에서 송정자의 '갓 구운 새벽'의 의미를 크로노토프의 형식과 관련지을 수 있다. 수필 <갓 구운 새벽>에서 그려지고 있는 열 살 소녀 송정자는 오빠의 심부름을 당연히 잘 해내어야 했던 철부지 소녀였다. 그녀가 오빠의 심부름으로 음식을 드렸던 중풍에 걸려 어두운 방 한 구석에 누워있었던 할머니는 시대의 희생양이었다. 시골 사람들은 고구마로 배를 채우고, 모두들 가난했기에 정부에서 초등학교에 무료 급식빵을 제공하던 어려운 시절이었다. 이 속에서 '일상의 크로노토프'의 표정은 '억지로 전달하기와 소극적으로 저항하기'의 형식을 구성한다. 이는 가난의 시대를 온몸으로 살아야 했던 그러면서 내키지 않은 오빠의 지시에 그냥 따라야 했던 굴종을 최소화하면서 저항의 몸짓을 표출하는 의지로서의 의미를 지닌다

　알록달록 고운 꽃상여가 나가고 신주를 모셔놓은 다음날부터 학교에서 배급되던 급식 빵을 매일 할머니께 올렸다. 볼록하게 솟은 산봉우리처럼 봉긋한 빵은 말랑말랑했다. 반드르르한 갈색 껍데기는 또 얼마나 바삭거리며 고소했던지. 노르스름한 속살을 하나 씩 뜯어내면 부드러운 결은 하나의 경이가 되어 사르르 입안에서 녹는 맛이었다. 학교에 다녀 온 날에는 어김없이 하루 전의 빵을 치우고 교실에서 줄을 서서 받아온 새 빵으로 바꾸어놓았다. 매캐한 향내 속에서 나무위패는 여전히 나를 짓누르는 듯했다. 상을 치울 때까지 꼬박 일 년 동안 나의 빵을 할머니에게 다 드렸다.
　　　　　　　　　　　　　　　　　　- <갓 구운 새벽> 중에서

　막내로서 할머니가 살아 있을 때는 고구마를, 돌아가셨을 때는 급

식빵을 할머니에게 드려야 했다. 작가 역시 이런 구조적 환경을 인정하기 때문에 할머니의 얼굴도 한 번 마주치지 않았고, 손도 한 번 잡아주지 않았다. 소극적 차원에 머물 수밖에 없다는 점을 지적하는 것이다. 새벽에 할머니가 돌아갔을 때 주변에 떨어져 있던 고구마 조각을 발견하고 혹시 자신이 준 고구마를 먹고 돌아가셨을 수도 있다는 것에 대한 죄책감으로 그녀는 어두운 유년 시절을 적어도 1년 이상을 보내야 했다. 하지만 이러한 하기 싫은 일에 대하여 적극적으로 저항할 수 있는 힘도 없고 해서 의무감이나 애정이 없이 억지로 소극적인 저항을 감행할 뿐이다. 이러한 죄책감은 불경한 자신의 눈에 비친 공간의 의미를 복잡하게 자리매김한다. '싫어요'라는 저항을 하지 못한 채 오빠의 지시에 따르도록 강요받는다. 하기 싫은 심부름을 억지로 하다 보니 할머니와 보이지 않는 대립각을 낳는다. 이런 억압에서 벗어나기 위해 작가는 1년간 만이라는 시간을 설정하게 된다.

　송정자 수필에서 공간의 의미는 죄책감의 상처를 메꾸면서 회복해야 할 그 무엇과 관련이 깊다. '달콤 제빵소'가 그러하다. 작가의 영화 <이보다 더 좋을 순 없다>에 대한 이상적 동경은 회복해야 할 미래적 공간에 대한 기대 때문이다. 그 공간은 사랑이 싹트고 시작되는 공간이다. 이 중에서 특히 인간적인 소통 기구는 '빵'이라는 음식이다. 빵집은 그녀가 수시로 오가면서 손녀와 내면적으로 소통할 수 있는 가능성의 공간이다. 사랑을 생산하는 일 자체의 중요성과 관련시킨다면 다행스러운 일이다. 중요한 것은 '일상의 크로노토프'가 죄의식과 저항의 형식에서 '치유'와 '기대'의 형식으로 전환된다는 점이다. '달콤 제빵소의 문을 열었다. 빵의 천국이 따로 없다.'는 표현은 반전을 의미한다. '어릴 적 할머니의 젯상에 한 가지 맛의 빵만 올렸던 내가, 지금은 할미가 되어 손녀에게 먹일 눈꽃 같은 빵을 고르는 중이다.' 는 대목도 상황이 역전되었음을 내포한다. 무릎을 구부리고 빵을 고르면서 손녀를 상상하고 있는 장면이나, 지난 어두운 날의 할머니의 마음을 긍정적으로 헤아리는 것은 전부 치유와 성장을 확인해주는 대목이다.

'달콤제빵소'의 문을 열었다. 빵의 천국이 따로 없다. 홍수처럼 넘쳐나는 아침의 빵이 진열장에서 각색의 치장을 하고 손님 맞을 준비를 하고 있다. 세 살배기 아기가 먹을 크로아상 한쪽을 담아본다. 어릴 적 할머니의 젯상에 한 가지 맛의 빵만 올렸던 내가, 지금은 할미가 되어 손녀에게 먹일 눈꽃 같은 빵을 고르는 중이다. 샛별 같은 아가의 입안에서 쌀알처럼 뽀얀 젖니가 오물오물 거릴 때, 한쪽 손에는 금세 넣어줄 빵조각을 쥔 채 무릎을 구부리고 있다. 할머니도 하루에 수 십 번이나 진달래 꽃잎이라도 따서 내 입속에 넣어주고 싶었을 것을. 열 살 남짓한 어린소녀의 회개 속에 갇혀있던 그 때의 빵은 잿빛 어둠이었다. 할머니가 돌아가셨던 그 새벽의 자욱했던 산안개를 걷어내고 이제는 윤색으로 구워 낸 말간 새벽을 맞이할 수 있을까. 낡은 잠을 떨쳐내고 반들반들 윤기를 머금은 새벽녘 갓밝이처럼 이제 그 빵에다 삶의 광채를 입혀도 될까.

- <갓 구운 새벽> 중에서

<갓 구운 새벽>에서 작가는 어떻게 반전의 구도인 크로노토프를 성취했을까? 작가는 과거의 공간에서 죄책감에 머물지 않고 할머니가 되어 손녀에게 갓 구운 빵을 사먹이고자 한다. 상실과 울음의 크로노토프에서 성장과 치유의 크로노토프로 시공간을 발전적으로 이동시켜 닫힘에서 열림으로, 어둠에서 밝음으로, 수동에서 능동으로, 받은 빵에서 산 빵으로, 식은 빵에서 따뜻한 빵으로, 맛없는 빵에서 맛있는 빵으로 시공에 놓인 대상을 극적으로 전이시켜 희망과 기대의 메시지로 건져냄으로써 작가는 독자들의 공감을 불러일으킨다. 만약에 과거 소녀 시절의 어두운 기억에 공간성을 묻었다면, 미완의 크로노토프가 되었을 것이다. 이 수필은 죄책감과 슬픔의 이중주를 넘어 치유와 극복의 과정까지 보여주고 있어 화해해결구도라는 수필 미학을 구축해내었다. '회복의 크로노토프'에서 구성되는 '빵'은 '희망과 기대'로 표출된다. 그리하여 과거 일상의 죄의식과 일상 자체가 침투 당했던 시대상황과의 관련을 보여주는 것에서 의미를 부여할 수 있다. 이 수필에서 '저항과 해방'은 주체 구성의 방식이기도 하다. 이 속에서 우리는 주체적 사유를 획득한 유쾌한 할머니를 만날 수 있

었다.

III. 로그아웃

　송정자의 수필은 그 글감에 작가의 창작의도와 문학성을 가미시켜 재구성한 문학적 이야기라 할 수 있다. 일상적 사건이 문학적 사건으로 전부 승화되고 있어서 감동을 준다. 이러한 송정자 수필의 텍스트는 플롯에 의해 조직되는 표면구조 surface structure와 그 표면구조 아래 스토리에 의해 추상되는 심층구조 deep structure가 유기적으로 구축한 미적 통일체라 하겠다. 작가는 이러한 시퀀스의 조직법을 활용하여 그 사이사이에 문학성을 생성하고 증폭시킬 수 있는 변용의 기법을 삽입한다. 이런 전이와 치환의 시학이 삽입되면서, 이야기의 배열질서는 미적으로 변형되고 보다 예술성이 풍부한 감동적인 이야기로 창조된다. 송정자 수필은 하나같이 소재로서의 이야기를 미적으로 배열하는 과정을 통하여 서사적 의미와 가치를 극대화시키고 있어 문학적 성취가 높다.
　따라서 수필가 송정자의 경험은 의미 있는 사건으로 구성되며, 송정자의 서사 행위는 그것에 대한 이해와 해석으로부터 발생한다. 이런 점에서 서사 행위는 그것에 인간 경험을 줄거리로 조직하면서 의미의 세계를 구성하는 활동이기도 하다. 송정자의 성장서사는 인간의 사고 구조와 밀접하게 관련되어 있어 그것을 어떻게 구성하느냐에 따라 작품의 질에 지대한 영향을 준다. 호모 폴리티쿠스, 호모 이코노미쿠스, 호모 파베르 등 인간의 본성을 규정하려는 수많은 명칭들이 있지만, 작가는 호모 로퀜스, 언어적 인간이다. 인간들에 대한 따뜻한 연민의 정서가 녹아 있는 작가, 하늘색 꽃달개비의 예쁜 모습과 함께 푸른 화초의 젊음을 보여주는 작가, 생을 조용히 사유할 수 있는 자세가 된 작가, 송정자는 자신이 만들어낸 언어로 끊임없이 '이야기'를 하며 오늘도 진실의 문학, 수필이 만들어내는 끊임없는 네트워크 속에서 저마다의 이야기를 소비하며 살아가고 있다.

 송정자 수필에 나타난 예술성과 치유성의 의의를 치유시학과 바흐친의 눈을 통하여 살펴보았다. 이를 통하여 과거 죄책감에 주눅 들지 않고 새벽 햇살처럼 밝게 살아나가고자 하는 주체적 화자의 모습을 확인할 수 있었다. 이는 개별자로서 허점을 지니고 있지만 솔직한 내면을 간직하고 주체적으로 발언하고 이상적인 삶을 꿈꾸고 있는 자신을 보여주는 데 성공했다는 점에서 성장서사의 치유수필로서 의의가 있다. 화자는 일상의 크로노토프를 통하여 '보이지 않게 이루어지는 억압에 대한 소극적 저항'으로 참 삶의 의지를 표출하였다. 이는 고백문학이라는 수필의 특성을 피할 수 없기 때문이고, 소극적이지만 저항을 포기하지 않으면서 주체적으로 살아남기 위해 그녀가 선택한 삶의 논리였던 것이다

송정자 수필집

ƒ홀의 위로

1쇄 인쇄 / 2024년 9월 12일
1쇄 발행 / 2024년 9월 20일

지은이 / 송정자
펴낸이 / 김주안
펴낸곳 / 도서출판 진실한사람들
주소 / 경기도 하남시 미사강변서로 25, 926호(미사테스타타워)
Tel / 031-5175-6210
Fax / 031-5175-6211
E-mail / munvi22@hanmail.net
등록번호 / 제300-2003-210호
ISBN: 978-89-91905-8

값 15,000원

*잘못 만들어진 책은 구입한 곳에서 교환해 드립니다.